Albrecht Schottky / Theo Schoenaker

Was bestimmt mein Leben?

3. Auflage 1988

Umschlaggestaltung: Dieter Zembsch, München
Druck: May & Co., Darmstadt

ISBN 3-926116-54-4

Albrecht Schottky / Theo Schoenaker

Was bestimmt mein Leben?

Wie man die Grundrichtung des eigenen Ich erkennt

Horizonte Verlag

Inhaltsverzeichnis

VI Werten und Verarbeiten 109

Vorwort zur 3. Auflage

Seit dieses Buch in der ersten Auflage erschienen ist, hat sich die Arbeit mit dem Modell der 4 „Prioritäten" vielfach bewährt. Sie bietet sich überall an, wo man in den helfenden Berufen um ein ganzheitliches Verstehen bemüht ist — in Psychotherapie, Beratung, bei Selbsterfahrungs- und Selbsthilfegruppen. Die sich immer wieder stellende Frage: Was ist das für ein Mensch? wird hier präzisiert: Wie sieht mein Gegenüber die Welt und die Menschen? Was erwartet bzw. befürchtet er, welches Ziel strebt er an? Was sucht er auf der einen Seite — was will er andererseits vermeiden? Hierbei handelt es sich um das Arbeiten mit Hilfe des Lebensstils in seiner ganzheitlich orientierten, offenen Form, welches auf Alfred Adler zurückgeht.

Es gilt durch die Fragen: Woher kommt dieser Mensch — wohin strebt er — zu einer verstehenden Gesamtschau, zu einem sehr persönlichen ganzheitlichen Verständnis zu kommen. Hier kann das Modell der 4 „Prioritäten" eine große Hilfe sein; — sowohl in der Verkürzung dieses therapeutischen Weges, wie im Finden von Gemeinsamkeiten, als auch in der Einübung eines solchen ganzheitlichen Denkens. Das führt dann über die Prioritäten hinweg zum Verständnis der sehr persönlichen, individuellen Ausprägung. Allerdings ist der Weg ohne einen Zwischenschritt, wie ihn die „Prioritäten" darstellen, schwierig.

Mit jeder Methode muß man lernen umzugehen — so auch mit den „Prioritäten". Am besten lernt man das wohl in der Gruppenarbeit. Hierzu ein Hinweis: Die „Prioritäten" könnten als Typologie im Sinne eines Schubladensystems verstanden und gebraucht werden. Sicher ist diese Gefahr geringer als bei anderen Systemen von „Typen" oder „Strukturen", denn mit den Prioritäten bietet sich eine Möglichkeit des einfühlenden Verstehens. Typologien und „Strukturen" sind zudem leicht vom Pathologischen her orientiert und in dieser Richtung belastet (z.B. „depressive" und „anankastische" Struktur); damit ist der Blick auf das Krankhafte gerichtet, weshalb durch diese Sicht- und Deutungsweise die Hilfe erschwert wird. Demgegenüber liegt mit Hilfe des Modells der „Prioritäten" der Blick bei den Wünschen und Bedürfnissen, — die alle Menschen gemeinsam haben — und damit gleichermaßen auf Gefahren wie auf Möglichkeiten, Stärken, Chancen.

Im Sinne Alfred Adlers wird Lebensstil hier als das persönliche System der Sichtweite und Wahrnehmung, der Orientierung und des zielgerichteten Handelns, das ein Mensch in der Lebenssituation seiner Kindheit entwickelt hat, verstanden. Jedes so entwickelte System, jeder Lebensstil ist eine persönliche Leistung, mit der eine oft schwierige Kindheitssituation subjektiv optimal bewältigt wurde. Aber: Gerade, was in einer solchen schwierigen Situation entwickelt wurde, führt leicht dazu, im späteren Leben auch die alte Problematik fortzusetzen und zu wiederholen. Zum Erkennen dieses Zusammenhanges ist oft therapeutische Hilfe nötig, um somit wieder zur Freiheit neuer Entscheidungen und neuer Wege zu finden.

Zu dem Übersichtsschema auf Seite 20 sollen hier einige ergänzende Bemerkungen gemacht werden; um Wiederholungen zu vermeiden, sei dabei die Lektüre des Kapitels 4 „Die vier Prioritäten“ empfohlen. Es werden jetzt folgende Bezeichnungen der vier Prioritäten vorgeschlagen:

Bequemlichkeit — Wohlbefinden
Gefallen — akzeptiert werden
Sicherung — Kontrolle
Bedeutung — Überlegenheit

Zur Priorität Bedeutung — Überlegenheit:
Hier dürfte in der praktischen Arbeit oft eine nähere Kennzeichnung erforderlich sein, *wie* der Einzelne seine Bedeutung und Überlegenheit zu erreichen sucht. Bei dieser Priorität gibt es ja besonders viele Gestaltungsmöglichkeiten; auch scheint sie in der praktischen Arbeit besonders häufig und wichtig zu sein. Besonders erklärungs- und ergänzungsbedürftig ist die Spalte „Reaktion der anderen“. Hier hat W. PEW wohl mit amerikanischem Pragmatismus seine eigene Reaktion eingesetzt, die mit Vorbehalt auf den amerikanischen Mittelstand zu erweitern ist. Aber diese Reaktion hängt ab von der Priorität dessen, der fragt! Und natürlich von der sozialen Gruppe und der Situation, kurz gesagt: von der Wahrnehmungsweise (Apperzeption) und den Erwartungen. Wer mit den „Prioritäten“ arbeiten will, sollte neben seiner eigenen Priorität auch seine persönliche Reaktionsweise wahrnehmen lernen.
Wir wünschen auch dieser Auflage, daß sie sich bewähren möge — als Zugang, als praktische Hilfe und als Anregung, unser stets unvollkommenes Verständnis weiter zu entwickeln.

Dr. Schottky / Schoenaker

Einführung

1 *Die magische Kraft eines Wunsches*

Im Märchen heißt es: Da zog er aus, das Wasser des Lebens zu finden. Wir wundern uns nicht, daß der Held nach vielen Abenteuern tatsächlich das Wasser des Lebens findet – das ist ja im Märchen so, daß Wünsche auf geheimnisvolle Weise zur Erfüllung führen. Nur im Märchen, oder auch im Leben? Es gibt Menschen, die auf geradezu rätselhafte Weise das Geld anziehen und reich und reicher werden. Man weiß nicht recht wieso. Man spricht von einem besonderen Talent, öfter noch von einem geheimen Spürsinn, einer «Nase». Was diese Menschen leitet, ist der Wunsch! Wieso, reich werden wollen doch viele, wenn nicht alle? Aber bei diesen wirtschaftlich erfolgreichen Menschen ist es nicht *ein* Wunsch unter anderen, sondern von klein auf *der* Wunsch ihres Lebens. Ihr ganzes Leben, ihre Entscheidungen sind alle nach diesem Wunsch ausgerichtet. Die Frage der Berufswahl? Das muß etwas sein, was besondere Möglichkeiten zum Geldverdienen eröffnet. Freunde? Da sind alle Freunde interessant, die geschäftliche Möglichkeiten eröffnen und Verbindungen herstellen oder versprechen; alle anderen Freunde und Bekannte sind Zeitvergeudung. Heirat? Klar: Die Ehefrau muß Geld haben und geeignet sein, es zusammenzuhalten und zu vermehren. Das Hobby? Das muß in die wichtigen Kreise hineinführen, die neue geschäftliche Verbindungen ermöglichen. Ein Todesfall in der Familie? Sentimentalität beiseite: wichtig ist, bei der Erbteilung den größten Brocken zu erhaschen. Ein alter Mitarbeiter? Wenn er den Geschäften schadet, wird er entlassen. Verwandte, die nicht mehr der erforderlichen Repräsentation entsprechen, werden abgehängt. Das gilt manchmal auch für die Ehefrau, wenn sie den Anforderungen nicht mehr entspricht und sich eine günstigere Möglichkeit bietet. Alle Entscheidungen, alle menschlichen Beziehungen werden dem einen Wunsch untergeordnet. Bei den großen Entscheidungen kann man das leicht nachzeichnen. Genauso leitet aber der Gedanke des Geldverdienens jede Stunde des Alltags, jedes Gespräch. Darauf ist der Blick gerichtet, dafür ist das Ohr geschärft; alle anderen Dinge des Lebens erscheinen daneben zweitrangig.

Wer diese Art des Denkens, des Handelns von klein auf übt, hat die besten Aussichten, reich zu werden. Wer es furchtbar findet, sich so einzuengen, der bleibt wahrscheinlich ein armer Teufel. Die griechische Sage kennt den geldgierigen König Midas, dem Bacchus seinen Wunsch erfüllte: Alles, was er anrührte, sollte Gold werden. Nach kurzer Zeit war König Midas der reichste Mann der Welt. Aber er drohte zu verhungern – denn auch das Essen, das er anrührte, verwandelte sich in Gold. Für jede Entscheidung, für jeden vorherrschenden Wunsch ist ein

Preis zu zahlen. Wenn der Wunsch nach Reichtum allen anderen vorgeht – es kann auch der Wunsch nach Macht, Karriere oder Prestige sein –, so droht eine seelische, eine menschliche Verödung. Das ist das eine Problem. Das zweite: wenn jemand mit seinem einseitigen Wunschdenken an eine Grenze stößt. Denn im Leben wie auch im Märchen erfüllen sich nicht alle Wünsche. Dann meint er vielleicht, alles ist aus, und sieht mit seinem verengten Blick nicht die vielen Möglichkeiten, die sich ihm sonst noch bieten.

2 *Fromme Wünsche und geheime Erwartung*

Ein seltsames Phänomen: Es gibt bekanntlich Familien, in denen viel geschimpft, gestritten, geschlagen wird. Wenn die Kinder aus solchen Familien heranwachsen und sich darauf einstellen, selbst eine Familie zu gründen, so denken sie nicht selten: Bei mir soll jetzt alles ganz anders werden, als ich es erlebt habe. Erfahrungsgemäß bleibt das leider oft ein «frommer Wunsch»: Wer aus einer solchen ungünstigen Familie stammt, neigt später leider allzu oft selbst dazu, wieder zu streiten, zu schimpfen, zu schlagen. Es wäre oberflächlich zu sagen: Er hat es nicht anders gelernt. Natürlich hat er inzwischen gelernt, daß es auch andere Möglichkeiten gibt. Jedoch verbindet er mit einer Familie ganz bestimmte Erwartungen, die der alten ungünstigen Situation entsprechen; er oder sie bringt den Wunsch mit, sich in der Familie durchzusetzen wie seinerzeit Vater oder Mutter. Manche unserer Erwartungen und Wünsche werden erst daran deutlich, wie sie sich realisieren oder, besser: wie wir sie realisieren. Wir fühlen uns ihnen oft ausgeliefert wie einer geheimen Macht. Das ändert sich erst, wenn wir sie ins Bewußtsein heben und uns zu ihnen bekennen: dann merken wir, daß es eben unsere Wünsche sind – unserem Willen und unseren Entscheidungen unterworfen.

Der Weg aus der Sackgasse. «Ich habe Probleme – ich komme nicht zurecht – ich weiß wirklich nicht, was ich machen soll.» Wer seine Notlage so weit ausdrücken oder so seine Probleme noch formulieren kann, steckt noch nicht so weit drin. Viel häufiger bringen allerhand Leiden körperlicher oder seelischer Art zum Ausdruck, daß jemand sich in einer Sackgasse sieht. Wie kommt es dazu, und wie kommt er wieder heraus?

Dazu muß man die Situation kennen und vor allem: seine oder ihre persönliche Einstellung, die Haltung zum Leben, die Art zu sehen und das Ziel, das er oder sie verfolgt. Gerade darüber kann der Betroffene selbst am wenigsten sagen; es ist denen, die ihn kennen, deutlicher als ihm selbst. Ohne Spiegel kann ich mein eigenes Gesicht niemals sehen; genauso wenig kann ich meine Persönlichkeit erkennen ohne den Spiegel der Außenwelt und der anderen Menschen. Wenn ich erfahren will, wohin meine Bestrebungen gehen, und philosophisch gesprochen, wer ich bin, – so erfahre ich es am besten aus den Ergebnissen meines Handelns und aus meiner Wirkung auf andere Menschen. Frage ich doch meine Freunde! Aber nicht jeder hat so gute Freunde. Doch zurück zur Sackgasse: Jeder baut sich seine persönliche Welt und seine persönliche Sackgasse. Erst wenn er seine Zielrichtung kennt und merkt, daß er sie selbst gewählt hat und sie auch selber ändern kann, wird ihm der Weg wieder frei.

3 *Der Grundplan – Lebensstil*

Jeder baut sich seine Welt. Den Grundplan hat er in den ersten Lebensjahren selbst geschrieben und entworfen, und nun richtet er sich täglich danach – aber er kennt ihn selbst nicht. Diesen Grundplan nennen wir den Lebensstil. Er liegt in einem Geheimtresor; aber alle wichtigen Entscheidungen richten sich nach diesem Grundplan. Er enthält Grundregeln und Anschauungen, die man in den ersten Lebensjahren selbst entwickelt hat – aus den Erfahrungen dieser Jahre, aus dem Erleben seiner Eltern, seiner Geschwister, der häuslichen und der weiteren Umwelt. Er ist aber keinesfalls formuliert nach dem Motto: «Wie ich als Kleinkind die Welt erlebt habe.» Vielmehr ist er gefaßt als ein ehernes Gesetz, als eine letzte Erkenntnis: So *ist* die Welt; so *sind* die anderen Menschen – Männer, Frauen; so bin ich; das muß ich anstreben, so kann ich das erreichen. Festgehalten ist dieser Plan nicht in Worten und Begriffen, sondern in Bildern und lebendigen, bildhaften Vorstellungen, besonders deutlich in den frühkindlichen Erinnerungen.

Jeder hat seinen persönlichen Lebensstil! Wir können diesen Grundplan, den persönlichen Lebensstil nicht mit Worten wiedergeben – so wenig ein Berg oder das Erlebnis einer Bergbesteigung durch ein Gipfelfoto «wiedergegeben» werden; aber wir können ihn mit Worten skizzieren und damit greifbarer machen. Solange uns dieser Plan unbekannt ist, wird er als zwingend empfunden in dem Sinne: Das *ist* so, das muß ich so machen. Gelingt es uns dagegen, ihn ins Bewußtsein zu rufen, so gewinnen wir die freie Entscheidung zurück. Nun heißt es: Das sehe ich so – ich kann es so oder auch anders sehen; das *kann* ich so

machen, ich bin es so gewohnt – ich kann es so machen oder auch anders versuchen.
Jedem Lebensstil und jeder ausgeprägten Tendenz eines Lebensstils entspricht eine besondere Form der Wahrnehmung und eine besondere (private) Logik. Es ist eben ein ganzes persönliches System – eine persönliche Welt. Wenn wir uns jetzt mit einigen Beispielen befassen, so versuchen wir uns in die Lage des Betroffenen hineinzuversetzen und die Situation mit seinen Augen zu sehen.
Erstes Beispiel: Eine Frau ist immer liebenswürdig und hilfsbereit. Sie ist verheiratet und beide sind berufstätig. Beide leben nach dem Terminkalender; so auch heute an einem vollen Arbeitstag, an dem sie und ihr Mann sich auf eine gemütliche Kaffeestunde geeinigt hatten. Kurz vorher ruft eine Nachbarin an. Der Mann mag die Nachbarin nicht, weil, wie er meint, sie sich zu viel in den Mittelpunkt stellt und zu lange hängenbleibt. Die Nachbarin möchte einige persönliche Dinge besprechen und lädt sich selbst ein. Die Frau kann ihr den Wunsch nicht abschlagen, obwohl sie zum Ausdruck bringt, daß es sehr schlecht paßt und sie mit ihrem Mann allein sein möchte. Als ihr Mann zur verabredeten Stunde nach Hause kommt, entsteht ein Problem. Die Frau möchte es beiden recht machen. Am Ende sind ihr beide böse. Da diese Problemsituationen in ihrem Leben in verschiedensten Variationen immer wieder vorkommen, ist sie ratlos und fühlt sich in einer Sackgasse.
Zweites Beispiel: Ein Mann tritt eine neue Stellung an. Mit seiner aktiven und kontaktfreudigen Art kommt er rasch in den neuen Kreis hinein und wird mit vielen bekannt. Er übernimmt gerne Aufgaben, die man an ihn heranträgt, und läßt sich im Kollegenkreis zum Sprecher wählen. Auch gesellschaftlich

findet er rasch Zugang und Verbindungen in seiner neuen Umgebung. Nach einiger Zeit hat er das Gefühl, sich zerreißen zu müssen und doch nicht mehr recht nachzukommen. Gelegentlich wird er im beruflichen Bereich auch deutlich kritisiert, weil er die eine oder andere Aufgabe vernachlässigt. Solche Kritik ist ihm unangenehm, aber neue und interessante Aufgaben ziehen ihn einfach mehr an. Er fühlt sich in zunehmendem Maße unter Druck – aber er hat keine Ahnung, wie er seine Lage wirklich ändern kann. Seine Anstrengungen führen ihn nur noch weiter in die Sackgasse hinein.

Drittes Beispiel: Ein Mann hat eine Stellung auswärts annehmen müssen – weit entfernt von dem Ort, wo er aufgewachsen ist. Die neue Umgebung erscheint ihm fremd, auch die Menschen mit ihrer Art, er findet nicht so recht Zugang, er hält sich dort lieber zurück. Nach einiger Zeit hat er den Eindruck, daß ihn die anderen als Außenseiter betrachten, vielleicht sogar als Sonderling. Es bedrückt ihn, daß er keine Freunde findet und auch keine Freundin. Allmählich gewinnt er in seinem Betrieb den Eindruck, daß die anderen ihn übergehen, ihn nicht richtig einbeziehen, daß sie sich hinter seinem Rücken verständigen. Er zieht sich noch mehr zurück und verschärft damit noch seine Situation.

Diese drei Beispiele mögen zunächst genügen. Sie sind so gewählt, daß jedes von ihnen einer bestimmten Tendenz, einer «Priorität» entspricht, die viele Menschen gemeinsam haben. Denn mag auch jede Persönlichkeit und jeder Lebensstil einmalig und unverwechselbar sein, es gibt doch gemeinsame Züge, gemeinsame Wünsche. Manche Menschen haben deutliche Ähnlichkeit in ihrer Grundtendenz, gewissermaßen im Schema ihres Lebensplans, andere stehen

sich in dieser Hinsicht besonders fern. Jede der vier «Prioritäten» entspricht einer solchen Grundtendenz, einem Grundschema des Lebensplans, einer Hauptlinie. Sie werden im weiteren Verlauf des Buches erklärt, entwickelt und entfaltet. Ihre Kenntnis bietet einen guten Zugang, sich selbst und andere besser zu verstehen.
Die drei Beispiele sind so gewählt, daß sie drei der vier Prioritäten in ihrer besonderen Problematik entsprechen. Wieso sie es tun, wird natürlich erst verständlich, wenn man die Prioritäten genauer kennt. Hier ein paar Stichworte zur Erläuterung – wobei wir die persönliche Problematik zunächst noch mehr von außen als von innen sehen:

Die Frau ist offenbar gern hilfsbereit, sie möchte es den anderen recht machen, sie kann schlecht «nein» sagen. Sie ist «liebenswürdig», d. h. zugleich: bei ihrer Umgebung beliebt. Nach dem einfachen Gedankengang: Jemand strebt das an, was er tatsächlich auch erreicht – können wir schon daraus schließen: Sie strebt danach, daß die Leute sie nett und liebenswürdig finden; das ist ihr wichtig. Die Stunde schlägt ihr, als sie es zwei Parteien recht machen will, ihrem Mann und ihrer Nachbarin, obwohl beide sich nicht verstehen und die Situation geradezu Konflikte herbeizieht. Das traurige Ergebnis – daß ihr nun alle böse sind – muß sie besonders tief treffen, denn daß ihr jemand böse ist, möchte sie ja gerade immer vermeiden. So erfüllen sich ihre schlimmsten Befürchtungen. Wir sehen hier in aller Deutlichkeit das Dilemma eines Menschen, der sich «Gefallenwollen» als Priorität in seinem Leben gewählt hat.

Wir haben im 2. Beispiel einen aktiven Menschen vor uns, mehr als das, sozusagen einen «Eroberer». Er erobert auf eine angenehme Weise; er übernimmt Aufgaben, sucht und findet gesellschaftlichen Kontakt. Jeder, den er gewinnt, bestätigt ihm, daß er etwas ist und etwas kann. Er strebt vorwärts, strebt nach oben. Seine Tendenz, seine Priorität ist die *«Überlegenheit»*. Wie wir später sehen werden, will er dem Gedanken entfliehen, daß er alltäglich ist, weniger als das, daß er dürftig und bedeutungslos ist. Seine Sackgasse baut er sich selbst, denn es kann nicht immer aufwärts gehen. Ihm schlägt seine Stunde, wenn er überlastet ist und seinen Aufgaben und Verpflichtungen nicht mehr nachkommt. Sein typisches Dilemma kann verschieden auslaufen: in körperlichem Zusammenbruch. Oder es wird den anderen offenbar, daß er sich übernommen hat und er verliert an Achtung und Respekt; es kann so weit gehen, daß man ihn nicht mehr ernst nimmt.

Im letzten Beispiel haben wir einen Mann vor uns, der auf Sicherheit ausgeht. Am fremden Ort kennt er niemanden. Auch die Art, die Umgangsformen der Menschen sind ihm fremd. Hier einen engen Kontakt zu schließen, hier jemandem sein Vertrauen zu schenken, wäre ein Risiko; und ein Risiko möchte er gerne vermeiden. Er bleibt allein, auf Abstand, und findet zunächst nicht viel Nachteil dabei. Doch dann drückt ihn die Vereinsamung: keine Freundin, kein Freund. Ein mögliches Dilemma ist angedeutet: Sein Arbeitsplatz hat ihn an diesen Ort geführt und bietet ihm die größte Sicherheit. Es kann dahin kommen, daß er sich auch an dieser Stelle in eine einsame Position hineinmanövriert, sich vielleicht mit übertriebenem Mißtrauen unmöglich macht, so daß er schließlich auch diesen Anker verliert.
Wie jeder Mensch, braucht ja auch er die Beziehung

zu seinen Mitmenschen. Die Sicherheit steht ihm dabei an erster Stelle. Eigentlich möchte er keine Beziehung, die irgendein Risiko bedeutet. Da es das nicht gibt, schränkt er sich immer mehr ein und verliert schließlich alles, auch die Sicherheit.
Ein anderes mögliches Dilemma ist, daß er sich schließlich in seiner Not in eine Verbindung hineinstürzt, die dann tatsächlich seine schlimmen Befürchtungen – die Menschen sind unzuverlässig, und jedes Risiko führt zur Katastrophe – Wahrheit werden läßt. Dies Beispiel illustriert die Priorität «Kontrolle».
Die vierte Priorität ist die «Bequemlichkeit». Vielleicht waren wir zu bequem, hierfür ein offenes Beispiel zu suchen, aber wir haben auch Entschuldigungen dafür: Man soll den Schematismus nicht zu weit treiben, und zudem liegt das Dilemma der «Bequemlichkeit» ohnehin auf der Hand. Wer nach Bequemlichkeit strebt und genießen kann, dem sei es gegönnt. Zumeist hat er aber für Leistung nicht viel übrig, und so kann er in eine Notlage steuern, so daß ihm am Schluß weniger zu genießen bleibt als den anderen. Und da hat er sein Dilemma.
Nun haben wir drei Beispiele, wie eine solche Sackgasse aussehen kann. Aber wie komme ich aus meiner persönlichen Sackgasse heraus? Ich habe doch gerade den Eindruck, daß ich da gar nichts machen kann, daß es die Situation ist, d. h. die Gesamtheit der äußeren Umstände, die keinen Ausweg gestattet. Das liegt in der Verengung unseres Blickfeldes. Oft macht die Not nicht erfinderisch, sondern – Entschuldigung – dumm, und zwar dumm in einer ganz persönlichen Weise – so daß einer nur den einen Weg sieht, der seinem Lebensplan entspricht, und blind ist gegenüber den anderen Mög-

lichkeiten. Die Situation läßt immer mehrere Möglichkeiten offen, es gilt sie nur zu sehen und zu finden. Dazu reicht manchmal schon ein ruhiges Nachdenken. Viel häufiger ist man auf die Hilfe anderer angewiesen, auf ein befreiendes Gespräch. Manchmal ist ein Psychotherapeut nötig. Wenn wir dem anderen in einer solchen Lage helfen wollen, dann gelingt uns das um so eher, je besser wir uns in den anderen hineindenken und einfühlen können – in seine Situation und in seine persönliche Denkweise. Diese Darstellung soll helfen, die Fülle der eigenen Möglichkeiten besser kennenzulernen – und sich leichter in andere hineinzuversetzen.

4 *Die vier Prioritäten*

Jeder Lebensstil ist einmalig. Er ist so wenig identisch mit dem, was wir mit Worten beschreiben, wie eine Landschaft mit der Bleistiftskizze, die sie wiedergeben soll. Immerhin kann uns eine Bleistiftskizze oder eine Landkarte entscheidende Dienste tun, uns zurechtzufinden. Mag auch jeder Mensch einmalig und unverwechselbar sein: Es gibt Wünsche, Tendenzen, Bedürfnisse und Bestrebungen, die vielen oder sogar allen Menschen gemeinsam sind. Als solche Wünsche lassen sich die vier Prioritäten verstehen. Jedem Wunsch entspricht ein bestimmtes Bedürfnis, eine Tendenz; eine besonders ausgeprägte Abneigung; ein Preis, der zu zahlen ist. Diese vier Wünsche, an die wir anknüpfen, sind:
Ich möchte es angenehm haben, möchte behaglich genießen, ich will nicht gestört werden (wir nennen das die Priorität «Bequemlichkeit»);

die anderen sollen mich mögen und gerne haben, mich akzeptieren und nett finden, jedenfalls nicht gegen mich sein (wir nennen das die Priorität «Gefallen»);

ich wünsche mir Sicherheit, überschaubare Verhältnisse, Ordnung, Schutz vor Bedrohung und Gefahr (wir nennen das die Priorität «Kontrolle»);

ich will gewinnen, etwas sein und darstellen; ich will der Stärkste, Reichste, Klügste, Beste sein (wir nennen das die Priorität «Überlegenheit»).

Freilich hat jeder eine persönliche Rangordnung, in die er diese vier Wünsche setzt. Dem einen steht die «Bequemlichkeit» an erster Stelle; er nimmt in Kauf, daß er nicht viel schafft und vielleicht, was Leistung betrifft, sogar der Letzte ist. Dem zweiten ist es wichtiger, daß er bei den anderen beliebt ist und jedenfalls nicht abgelehnt wird; dafür nimmt er manches in Kauf, dafür verzichtet er auf die Verwirklichung anderer persönlicher Wünsche und Ziele.
Dem dritten geht die Sicherheit vor. Er richtet seine Anstrengungen darauf, zu kontrollieren, sich selbst und seine Gefühle zu kontrollieren; die Situation zu kontrollieren oder auch andere Menschen.
Dem vierten sind diese drei Wünsche weniger wichtig als der eine: sich überlegen, sich bedeutungsvoll zu fühlen. Da jeder der vier Wünsche an erster Stelle stehen kann, sprechen wir von «Prioritäten».
Man kann nicht alles gleichzeitig haben. So zahlt jeder den Preis für seine Priorität – um so mehr, je stärker der eine Wunsch vor allen anderen vorherrscht, je mehr die anderen dahinter zu kurz kommen. Wer die Bequemlichkeit allem voranstellt, kann nicht viel schaffen. Wer sich immer nach anderen

richtet – damit sie ihn akzeptieren und ihm nicht böse sind – muß eigene Wünsche zurückstellen; er findet kaum eine eigene Linie, er entwickelt keine klare Persönlichkeitsstruktur. Wer vor allem auf Kontrolle und Sicherheit aus ist, schränkt damit die eigenen Entfaltungsmöglichkeiten ein; im persönlichen Bereich bleibt er distanziert, ihm droht die Einsamkeit. Wem die Überlegenheit an erster Stelle steht, der hat oft mit Überlastung und Überforderung zu zahlen. Das untenstehende Schema bringt einen Überblick über diese Verhältnisse.

Priorität	Reaktion der anderen	Dieser Preis wird gezahlt:	Das soll vermieden werden:
BEQUEMLICHKEIT (Comfort)	irritiert ungeduldig	verminderte Produktivität	Belastung (Verantwortung)
GEFALLEN (Pleasing)	akzeptiert	verzögerte Persönlichkeitsentwicklung	Ablehnung
KONTROLLE (Control)	herausgefordert	sozialer Abstand	unerwartete Erniedrigung (ausgeliefert sein)
ÜBERLEGENHEIT (Superiority)	unzulänglich unterlegen	Überlastung Überverantwortlichkeit	Bedeutungslosigkeit

Freilich läßt sich die Breite der Möglichkeiten nicht in ein «Schema» pressen, ein größerer Überblick wird in den folgenden Kapiteln gegeben. Jedem der

vier Wünsche – und damit jeder der vier Prioritäten – entspricht eine besondere Abneigung: etwas, was man nach aller Möglichkeit vermeiden möchte. Jede hat auch ihr besonderes Wahrnehmungsschema. «Bequemlichkeit» fühlt sich leicht überlastet; sie möchte Belastung und Verantwortung meiden. «Gefallen» sieht die Welt unter dem Blickpunkt der Zuwendung oder Ablehnung; und die Ablehnung soll unter allen Umständen vermieden werden. «Kontrolle» will eine unerwartete Erniedrigung vermeiden; sie scheut die Unordnung, die sie als chaotisch und bedrohlich erlebt. «Überlegenheit» möchte nicht gerne verlieren, am meisten scheut sie aber die Nichtigkeit, die Bedeutungslosigkeit.
Zur Sprachregelung: Wie sollen wir im folgenden die Vertreter der vier Prioritäten nennen? Es bietet sich der Ausdruck «Typen» an; er ist aber unglücklich, weil er eine feste Prägung, etwas Unabänderliches vortäuscht. Wir sehen aber Wünsche und Tendenzen, die zwar unterschiedlich vorherrschen, aber doch immer frei gewählt und gewandelt werden können. Einen idealen Ausdruck sehen wir nicht, gerade weil sich jede Priorität in einem breiten Fächer von Möglichkeiten entfalten kann. Aber das Kind muß einen Namen haben. Sagen wir einfach: der Mensch mit der Priorität «Bequemlichkeit«, mit der Priorität «Überlegenheit», mit der Priorität «Kontrolle» oder der Priorität «Gefallen». Jedem steht eine Fülle von Möglichkeiten offen, zunächst innerhalb seiner Priorität – denn das ist der Weg, den er von klein auf am meisten geübt und entwickelt hat –, jedoch dann auch innerhalb der anderen Prioritäten. Sehen wir, wie solche Möglichkeiten der Verwirklichung aussehen können.

I Die vier Prioritäten

1 *Überlegenheit*

Der Überlegenheit entspricht der Wunsch nach Bedeutung. Der Gegenpol – der Ausgangspunkt, dem man entfliehen möchte, und die ständige Befürchtung – ist die Unterlegenheit, die Bedeutungslosigkeit, die Nichtigkeit.
Das Streben nach Bedeutung und nach Überlegenheit läßt sich besonders oft und besonders vielgestaltig beobachten. Diesem Streben entspricht am unmittelbarsten die Beobachtung Alfred Adlers: das Streben vom Minus zum Plus, von der Unterlegenheit zur Überlegenheit.
Streben nach Überlegenheit – auf welchem Gebiet, in welcher Weise? Da gibt es ein fast unerschöpfliches Arsenal von Möglichkeiten. Als Wunsch formuliert: Ich möchte der Größte sein, der Stärkste, der Mächtigste, der Reichste, ich möchte der Berühmteste sein, der schnellste Fahrer, der beste Läufer, der beste Mann in der besten Sportmannschaft. Ich möchte die Schönste sein, die Attraktivste, die Lu-

stigste, die beste Tänzerin, die Beliebteste. Ich möchte die meisten Freunde oder Freundinnen haben.

Oder, wenn ich mir das nicht zutraue oder auf einem dieser Gebiete gescheitert bin: Dann entwickele ich vielleicht den Ehrgeiz, der größte Störer in der Familie oder in der Klasse zu werden; der, der den Lehrern immer Schwierigkeiten macht, aber von vielen Schülern heimlich bewundert wird. Der Ehrgeiz kann sich auf Gebiete richten, die von vielen als abseitig und seltsam betrachtet werden. Zum Beispiel: Ich bin der Mann, der die einzige gesunde Lebensweise führt. Er kann zu einem der vielen seltsamen Weltrekorde hinführen, z. B. am längsten auf einem Telegraphenmast zu sitzen oder am längsten Klavier zu spielen. Oder er richtet sich auf bekanntere, aber unerwünschte und schädliche Aktivitäten: z. B. der erste in der Klasse zu sein, der sich mit Drogen auskennt oder Schlösser knacken kann; Rekorde im Trinken oder im Übertreten von Geschwindigkeitsbegrenzungen; der tollste Motorradfahrer usw.

Wenn ich mir solche Aktivitäten nicht zutraue, lebe ich vielleicht das Überlegenheitsstreben in anderer Form aus. Manche Menschen beschäftigen sich erstaunlich ausdauernd mit der Frage, warum sie es im Leben nicht weitergebracht haben. Wir erkennen: Ihr Thema ist das Streben nach Erfolg; sie meinen versagt zu haben und sich dafür entschuldigen oder verteidigen zu müssen. Ein anderer Weg, wie wir unser Überlegenheitsstreben ausleben können, ist die Herabsetzung der anderen. Diese Dinge – Neid, Eifersucht, Klatsch usw. – gibt es in jedem Lebensalter. Besonders eindrucksvoll läßt sich das jedoch beobachten beim Abstieg des «erfolgreichen» Überlegenheitssuchers. Z. B. eine Frau, die wegen ihrer Schönheit gefeiert und bewundert wurde, die alles auf die Karte «Schönheit und Attraktivität» gesetzt hat. Sie kommt in die Jahre, in denen sie trotz aller modischen Hilfsmittel aus der Konkurrenz allmählich ausscheiden muß. Natürlich gibt es nun für sie eine Menge anderer Möglichkeiten, sich zu betätigen – sich auch im Sinne des Überlegenheitsstrebens zu betätigen in einer Weise, die ihr und anderen Freude machen kann. Aber vielleicht glaubt sie, es gäbe keine schönen und anziehenden Möglichkeiten mehr für sie, ja überhaupt keine erträglichen Möglichkeiten mehr. Und manche dieser Frauen verfällt auf Wege, die nun freilich auf der Schattenseite liegen, ihr Streben nach Überlegenheit fortzusetzen: Sie wird launisch, zänkisch. Sie keift und zankt und tyrannisiert ihre Familie. Sie hat keine Freude mehr am Leben – und sorgt dafür, daß ihre nächsten Angehörigen auch keine haben. So strebt sie danach, den Abstand zu verringern und sich relativ in die Höhe zu schieben. Sie klatscht und verleumdet und schlägt damit, im Sinne des Überlegenheitsstrebens, zwei Fliegen mit einer Klappe: Einmal erreicht sie es, die größte und gefürchtetste Klatschbase der ganzen Gegend zu sein; zum anderen setzt sie die anderen herab – besonders die Mädchen und Frauen, die sie beneidet – und meint damit ein wenig an Höhe zu gewinnen. Auf dieser Schattenseite steht auch der alternde Wissenschaftler, dessen Entdeckungen und Erfolge weit zurückliegen, und der nun sein Augenmerk darauf richtet, alle jüngeren herabzusetzen und zu bremsen, die ihn überholen und in den Schatten stellen könnten.

Wer nach Überlegenheit strebt, sich aber auf diesem Gebiet nicht viel zutraut, kann seine Tendenz auch darin zeigen, daß er besonders verletzbar und empfindlich ist, daß er alle zu kritisieren weiß, die ihm überlegen sind, daß er deren Fehler mit besonderer Schärfe wahrnimmt. Der persönliche Faktor, der darin steckt, sagt nichts über die Richtigkeit oder Falschheit seiner Wahrnehmungen aus. Solch ein Mensch kann das soziale Gewissen seines Kreises darstellen.

Die Leistungsüberlegenheit

in Sport, Schule und Arbeit; der Mann, der am meisten arbeitet, am meisten schafft, der die meisten Überstunden macht, der die meisten Aufträge hereinbekommt, der die beste architektonische Lösung findet oder den schwierigen Fehler im Auto.
Wir sehen, was wir solchen Menschen oft verdanken. Sie bringen Dynamik und Fortschritt. Gleichzeitig sind es die Ehrgeizlinge, die das Klima vergiften. Halt! Zum vergifteten Klima gehören immer mehrere. Wie sich dieses Streben auswirkt, hängt auch und immer von den anderen mit ab. Wenn einer etwas Besonderes schafft und wir erkennen es ihm freundlich und ehrlich an: dann haben wir kein giftiges Klima. Das wird uns um so leichter gelingen, wenn wir seine Zielrichtung und Tendenz verstehen: sein Bedürfnis, sich selbst und anderen immer wieder seine Bedeutung, seine Überlegenheit zu beweisen, weil er sonst fürchtet, in Nichtigkeit abzusinken. Bei einem durch Ehrgeiz vergifteten Klima sind immer mehrere beteiligt, die einander die Spitze nicht gönnen.

Der Betriebsame,

der in jede Gruppe Leben hineinbringt; einen Wirbel, der ihm allein schon das Gefühl vermittelt: hier ist etwas los. Um so mehr natürlich, wenn er im Zentrum dieses Wirbels steht, wenn er selbst die Anregungen gibt und die Sache lenkt und leitet. Der richtige Vereinsvorsitzende! Er begeistert sich und andere und wirbt für sich und seine Sache. Vielleicht manchmal mehr für sich als für seine Sache. Er treibt die Dinge voran, er braucht und bringt Leben und Bewegung.

Der Sensationelle

Wo etwas Sensationelles geschieht, da haben alle das Gefühl, wenigstens vorübergehend an einer bedeutungsvollen Sache beteiligt zu sein, etwa bei einem großen Brand, bei einer Sturmflut. Jemand mit der ausgeprägten Priorität «Überlegenheit» wird sich dabei noch hervortun wollen: als besonders eifrig bei den Lösch- oder Bergungsarbeiten, als der Mann, der überall mit der Kamera dabei ist, oder als der Anhänger der Fußballmannschaft, der bei einem Sieg die größte Begeisterung, bei einer Niederlage die größte Verzweiflung zum Ausdruck bringt.
Das Besondere, das Sensationelle: Die schnellen Autos, die schnellen schweren Motorräder, die großen Reisen, der exotische Geschmack. Wenn jemand eine Reise tut, so kann er was erzählen. Bei einem Überlegenheitssucher wird es entweder herrlich gewesen sein, einmalig oder – grauenhaft. Hier hebt er sich stark vom Menschen mit der Priorität «Kontrolle» ab, der das Mittelmaß nur sehr vorsichtig verläßt.
Der nach Überlegenheit und Bedeutung Strebende

kann auf verschiedene Entfernungen sehr verschieden wirken. Der große Geschäftsmann kann auf seine Bekannten überzeugend wirken, bestechend durch seine Leistung und sein charmantes Auftreten. Im Büro und in der Familie kennt man ihn möglicherweise ganz anders: als einen schroffen, unfreundlichen Tyrannen. Hier ist kein Charme zu entdecken, Widerspruch nicht gestattet. Alfred Adler beschreibt die Frau, die auf Gesellschaften bezaubernd wirkt, in ihrer Familie aber launisch und tyrannisch. Der gemeinsame Zug ist das Streben nach Überlegenheit: Auf Gesellschaften muß sie erobern und gewinnen, dazu braucht sie ihren Charme; in der Familie kann man ihr nicht entfliehen, da kann sie die Untergebenen ihre Macht voll spüren lassen. Verwandt damit ist das Verhalten des Chefs, der gute Mitarbeiter aufzuspüren und heranzuziehen versteht. Sind sie aber erst einmal bei ihm tätig, so fühlen sie sich in eigenartiger Weise gedrückt und gehemmt. Vom Standpunkt des Überlegenheitsstrebens leicht zu verstehen: Erst galt es, sie zu gewinnen, nun die gefürchtete Konkurrenz in Schach zu halten. Ein Chef mit einem sehr ausgeprägten Überlegenheitsstreben kann es schlecht vertragen, wenn einer seiner Untergebenen – «Mitarbeiter» sagt man höflicherweise – ihn aussticht. Damit läßt er seinen Mitarbeitern zwei Möglichkeiten: Entweder sie sind so mittelmäßig, daß er sich von ihnen niemals bedroht fühlt, oder, wenn sie besser sind, zwingt er sie zum Heucheln – sie müssen ihn hofieren und sich seiner Überlegenheit beugen, auch wo sie es besser wissen. Verständlich, daß ein solcher Chef großen Wert darauf legt, daß alle Erfolge seines Betriebes oder Institutes mit seinem Namen verknüpft sind, daß möglichst er der ist, der repräsentiert.

Überlegenheit und Ordnung, Überlegenheit und Freiheit

Wer nach Überlegenheit strebt, kann Ordnung und Kontrolle in seinen Dienst stellen. Er herrscht dann nach strengen Gesetzen. Überlegenheit mit den Mitteln der Ordnung und Kontrolle ist für die anderen oft schwer erträglich. Wenn wir näher hinschauen, merken wir allerdings rasch den Unterschied zu den Menschen, denen Sicherheit und Kontrolle an erster Stelle stehen. Wer nach Überlegenheit strebt, kann es nicht gut haben, wenn man ihn selbst durch Regeln einengt. Er ist der, der die Regeln vertritt – der sie auslegt; er wird aber leicht ungnädig, wenn man die Regeln und Gesetze gegen ihn selbst zur Geltung bringt. «Quod licet Jovi, non licet bovi» (Was Juppiter erlaubt ist, ist dem Ochsen nicht erlaubt).

Freiheit und Ungebundenheit

Bei anderen tritt das Streben nach Freiheit und Ungebundenheit sehr klar hervor. Da gibt es Menschen, die für ihr Arbeitsgebiet jedes Schema ablehnen, mit dem Hinweis, daß doch alles im Einzelfall, für die einzelne Persönlichkeit usw. zu entscheiden sei. Wer das dann zu entscheiden hat? Natürlich der Überlegenheitssuchende, der für seinen Ermessensspielraum und seine Willkür keine Schranken dulden mag. Freiheit vom Gesetz, Freiheit über Raum und Zeit: Das zeigt sich besonders anschaulich bei den jungen Autodieben. Wer kein Auto hat, muß sonst zu Fuß einherspazieren, ist auf die Anschlüsse von Omnibussen, Straßenbahnen und Bundesbahn angewiesen. Ganz anders der junge Autodieb. Für ihn

gelten keine Schranken – er öffnet ein Auto, fährt damit los, fährt es nicht mehr weiter, so sucht er sich das nächste, und schnelle Autos müssen es sein. Was heute die Autos sind, waren früher die Pferde. Anscheinend wurde früher auch über gute Pferde genauso endlos debattiert wie heute über Autos.
Wer Überlegenheit sucht, mag im Spiel nicht gern verlieren. Wenn er es weit treibt, wirft er bei einem Spiel, das zu seinen Ungunsten steht, das Brett um und erkennt das Spiel nicht an. Wie im Spiel, so im Leben: Auch da kann er, wenn es weit geht, selbst die offenkundige Niederlage, selbst den Urteilsspruch letzter Instanz nicht anerkennen. «Und ich habe doch recht.»

Das Rechthaben

Oft ein Feld und ein Mittel im Machtkampf. Der Rechtsfanatiker, der Kohlhaas – Menschen, die für ihr wirkliches oder eingebildetes Recht alles daransetzen wollen. Recht und Gesetz läßt uns an Ordnung denken. Es ist aber ein Überlegenheitsstreben, denn hier geraten alle Maßstäbe ins Wanken – eine verbrannte Stadt zählt nicht gegenüber dem Gespann Pferde, das man dem Rechtsfanatiker – zu Unrecht – genommen hat.

Der Einsame, Unverstandene

Wer Überlegenheit sucht, kann sich auch zurückziehen in die Einsamkeit. Er mag in seiner Fantasie, in seinen Tagträumen die Dinge verwirklichen, die er sich in der Realität nicht zutraut: große Erfolge, Siege, Anerkennung. Er mag schreiben oder komponieren und sich dabei vorstellen: «Die Gegenwart hat kein Verständnis für mich, die Zukunft wird mir die verdiente Berühmtheit schenken.» Oder er sieht sich einfach einsam und unverstanden mit seinem großen Herzen, mit seinen tiefen Gefühlen und Empfindungen, mit seinem weiten Blick – in einer Welt der Flachheit und Oberflächlichkeit, die nur dem Alltag lebt. Man kann hier an den alternden Beethoven denken oder an Hermann Hesses «Steppenwolf». Man mag auch an das Alter der «gärenden Jugend» denken.

Moralische Überlegenheit

Früher etwa – der Frömmste zu sein; heute der mit dem tiefsten sozialen Empfinden. Die moralische Überlegenheit kann auch einfach darin liegen, daß man leidet unter dem ungerechten Anderen. So eine Ungerechtigkeit läßt sich leicht provozieren, auch unbewußt arrangieren. Gelegentlich findet man diese Tendenz bei der Ehefrau eines Trinkers. Nun soll man in seinem Urteil nicht vorschnell sein. Doch gibt es schon einen beträchtlichen Hinweis, wenn eine solche Situation sich wiederholt: Eine Ehefrau leidet unter ihrem argen Trunkenbold von Ehemann, der faulenzt, trinkt, vertut auch noch das von ihr verdiente Geld, schlägt sie. Schließlich kommt es zur Scheidung. Und dann – das kommt vor – heiratet sie wieder einen Trinker und das Spiel wiederholt sich von neuem. Wieder wird sie von allen Nachbarn bedauert und bewundert. Moralische Überlegenheit als «Opfer», das aus den verschiedensten Gründen leiden kann, oder als «Märtyrer», der für eine gute Sache leidet.

Wer Neuland betritt, wer eine Idee propagiert und gegen allen Widerstand durchsetzt, wer sich begeistert und andere begeistern kann – das ist vermutlich ein Mensch mit der Priorität «Überlegenheit». Die großen Entdecker und Wegbereiter der Psychotherapie, wie Alfred Adler, Sigmund Freud und Rudolf Dreikurs, dürften wohl dieser Priorität zuzuordnen sein. Es scheint, daß die vier kindlichen Nahziele, wie sie Rudolf Dreikurs formuliert, alle auf der Linie des Überlegenheitsstrebens liegen: Aufmerksamkeit, Überlegenheit, Verletzen und schließlich Resignation.

Resignation – Depression

Das ist es, was der Überlegenheitssucher vermeiden möchte: das Unterliegen, die Bedeutungslosigkeit, die Nichtigkeit. Zugleich ist dies ein Ausgangspunkt, ein geheimes «Wissen» – daß er eben im tiefsten Grunde nichtig und bedeutungslos ist. Das treibt ihn ständig an, sich und anderen das Gegenteil zu beweisen. Diese ehrliche subjektive Überzeugung, die bei jeder Priorität den negativen Pol charakterisiert, entspricht zum Glück nicht einer objektiven Wahrheit. Wir sind weder bedeutungslos, noch werden wir von allen abgelehnt. Es droht uns nicht ständig das Chaos, und wir brauchen nicht besorgt zu sein, daß wir keiner echten Leistung fähig sind. Aber der Mensch mit der Priorität «Überlegenheit» meint zu wissen, er sei eigentlich nichts wert. Wenn die Anstrengung nachläßt, sinkt er auf diesen Punkt zurück. In einer neurotischen Depression kann durch einen Kunstgriff aus dieser Schwäche gewissermaßen eine Stärke gemacht werden: Das Gefühl der eigenen

Nichtigkeit, die Verzweiflung, ist so stark, daß sie nun wieder die Umgebung in ihren Bann zieht. Der Depressive beherrscht seine Familie mit seinen Depressionen. Freilich leidet er zugleich, so lange, bis er selbst den Entschluß, die Kraft und das Selbstvertrauen findet, sein Ziel auf eine für ihn selbst und die anderen positivere Weise zu verfolgen.

Wie sieht es aus, wenn mehrere mit der Priorität «Überlegenheit» zusammenkommen? Sie können sich zusammenfinden zu gemeinsamer Aktivität – ein Häuflein, das gemeinsam die Welt erobern will, das die Umgebung in Verwunderung setzt, manchmal auch in Furcht und Schrecken. Die gemeinsame Aktivität kann in einer besonderen Betriebsamkeit liegen, in großen Unternehmungen, oder im Kampf gegen die Tradition, auch im Kampf gegen die Macht – und im Kampf um die eigene Macht. Diese Aktivität ist dringend erforderlich, denn wenn sie erlahmt, wenn das gemeinsame Ziel an Glanz verliert, dann zerfällt die Gruppe; ja, nunmehr fällt einer über den anderen her.

2 *Gefallen*

Der Wunsch, angenehm zu sein, und die Angst, zu mißfallen

Wer die Priorität «Gefallen» hat, will akzeptiert werden, vermeiden möchte er Ablehnung. «Die anderen sollen mich gern haben, freundlich zu mir sein, mich jedenfalls dulden und nicht ablehnen.»
Wer diese Priorität hat, dessen Verhalten ist darauf gerichtet, Zuwendung und Freundlichkeit zu gewin-

nen und zu halten. Man stellt sich also ganz auf den anderen sein: «Was möchte der andere? Was könnte ihm jetzt gefallen? Ich bin froh, wenn ich ihm die Wünsche von den Augen ablesen kann. Wenn die Menschen mich mögen und mit mir zufrieden sind, bin ich auch zufrieden. Mehr verlange ich gar nicht. Wenn sie mir aber böse sind – und wenn es auch nur einer ist! –, dann quält und wurmt mich das.»
Konflikte und Spannungen sind quälend: «Wenn ich einen Streit habe, fühle ich mich als Feind abgelehnt und gebe lieber nach, um den anderen gut zu stimmen; wenn sich meine Freunde und Verwandten streiten, quält mich der Konflikt; und wie soll ich mich verhalten? Bei jeder Partei, der ich mich anschließe, habe ich die anderen zum Feind. Halte ich mich heraus, sind mir beide böse.» Ihm liegt an der Harmonie. Wenn er den Mut dazu aufbringt, kann er oft geschickt vermitteln.

Angenehm für andere

Für die anderen ist einer mit der Priorität «Gefallen» der angenehmste Mensch, jemand, zu dem man gleich Kontakt hat, der einen versteht. Er stellt sich immer auf uns und unsere Erwartungen ein. Er ist immer hilfsbereit. Mit seiner Freundlichkeit bringt er Sonnenschein in seinen Kreis. Freundlich ist er zu allen. Er bemüht sich für andere, ohne Ansprüche zu stellen oder moralische Überlegenheit herauszukehren.
Er kann sich wunderbar einfühlen, kann mit den Augen des anderen sehen, kann mit den Ohren des anderen hören. Er kann teilnehmen, zuhören, verständnisvoll sein. Er hat gute Voraussetzungen, psy-

chologisches Feingefühl zu entwickeln. Eine Krankenschwester mit der Priorität «Gefallen» kann umsorgen und verwöhnen – nicht nur korrekt und genau nach Vorschrift versorgen.

Die Bedeutung des Klimas

Vieles ist abhängig von dem menschlichen Klima und dem Maß an Mut und Selbstvertrauen: In einem günstigen Klima – und mit guter Zusammenarbeit und positiver Einstellung – kann sich der Mensch mit der Priorität «Gefallen» positiv und freundlich entfalten – zur eigenen Freude und zur Freude der anderen. Er fördert die Entwicklung anderer, indem er ihnen das Gefühl gibt, akzeptiert und anerkannt zu sein.

In einem ungünstigen, konfliktreichen Klima siecht er dahin, kann sich nicht entfalten und auch das positive Klima, das er braucht, nicht gegen den Widerstand der anderen durchsetzen. Das Dilemma dessen, der in ein konfliktreiches Klima Harmonie bringen will, verspürt er besonders scharf. Hat er jedoch viel Mut und Selbstvertrauen, so kann er mit diplomatischem Geschick und auch mit Humor die Gegensätze ausgleichen, vermitteln und die Streitenden zusammenführen.

Der Gegenpol – das, was der Mensch mit der Priorität «Gefallen» unbedingt vermeiden möchte und was er doch als «geheimes Wissen» in sich trägt: «Mich lehnen ja doch alle ab, mich mag keiner, ich bin einsam und verlassen.»

Weiter und enger Kreis

Da sieht man manches Mal einen Unterschied zwischen weiterem und engerem Kreis. In weiterem Kreis ist der Mensch mit der Priorität «Gefallen» allgemein beliebt, gewinnt leicht Kontakt, hat Freunde und Bekannte. Er gilt als immer freundlich, gut gelaunt, ausgeglichen. Man kann sich nicht vorstellen, wie dieser Mensch Probleme hat oder wie man mit ihm nicht auskommen kann. Im engsten Kreis kann mehr die Befürchtung ausstrahlen: «Mich mag keiner, ihr mögt mich ja doch nicht», was die anderen, z. B. den Ehepartner, irritiert und die Ablehnung geradezu herbeizieht. Eine solche Situation läßt darauf schließen, daß der Betreffende wenig Mut und Selbstvertrauen hat. Wenn er mit ständiger Nachgiebigkeit und Geschenken jemand ängstlich zu halten sucht, so spürt man: Da stimmt etwas nicht, man merkt Ängstlichkeit und mangelndes Vertrauen. Der «Gefällige» will es im allgemeinen allen recht machen. Es kann auch vorkommen, daß er diese Tendenz auf eine kleine Gruppe beschränkt, selbst wenn diese Gruppe vielleicht im Gegensatz zur Gesellschaft steht. Er kann die Beschränkung weitertreiben – bis zu dem Punkt, wo ihm die Wünsche eines einzigen Menschen wichtiger sind als alles andere. Damit bringt er sich in eine extreme Abhängigkeit von diesem Menschen (Hörigkeit).

Der Mensch mit der Priorität «Gefallen» stellt selbst keine Ansprüche, kann keine Wünsche äußern und nicht «nein» sagen. Er kann nicht ablehnen – einfach aus «Schwäche». Jemand, vor dem man keinen Respekt haben kann. Er folgt ja jedem, hat keine eigene Linie. Der letzte hat bei ihm immer recht.

«Wer nicht nein sagen kann, kann sein Ja nicht halten.» – Wer allen recht gibt, hat schließlich keinen zum Freund. Auf diesem Weg muß er immer wieder andere Menschen enttäuschen, die ihm seine Unzuverlässigkeit übelnehmen.

Der Ausgenutzte

Noch einiges, was wir bei dieser Priorität finden und was sich aus dem Wunsch ableitet, akzeptiert zu werden: Wer immer nach den Bedürfnissen der anderen schaut, dessen eigene Bedürfnisse kommen zu kurz. Er kann sich schlecht durchsetzen und hat keine Übung darin, sich zu wehren. Er scheut die Verantwortung, denn sie bringt erfahrungsgemäß Spannung und Konflikte mit sich. Aus denselben Gründen legt er sich nicht gerne fest, bekennt nicht gerne Farbe. Kritik kann er schlecht vertragen, weil er sie als persönliche Ablehnung auffaßt. Er scheut sich, andere zu verletzen.

Wenn seine Unsicherheit, ob er auch wirklich akzeptiert wird, sehr groß ist, so kann er sich geradezu aufreiben in dem Bestreben, es allen recht zu machen. Er kann sich ausnutzen lassen, menschlich und finanziell, um nur seinen Partner nicht gegen sich aufzubringen.

Der Mensch mit der Priorität «Gefallen» ist abhängig von der Erwartung anderer, bei starker Ausprägung je nachdem fähig oder unfähig, ganz wie es der Partner will und erwartet. Er kann z. B. in der Schule brillieren oder versagen – je nachdem, wie die augenblickliche Erwartung der Lehrerin ist.

Die kulturelle Norm schreibt das Gefallen eher den Frauen zu. Bei diesen findet es sich dann auch öfter.

Eine ausgeprägte Tendenz zum Gefallen wird einem Mann eher übelgenommen, wird ihm als Schwäche ausgelegt, als Feigheit.
Der Mensch mit der Priorität «Gefallen» ist stark auf den Augenblick ausgerichtet. Seine Fähigkeit, sich momentan umzustellen, kann geradezu verblüffend sein. Eine eigene Linie kann er nicht entwickeln – er muß seine Überzeugung, seine Linie immer von anderen übernehmen. Auf die Länge bringt dies den Nachteil einer mangelnden Persönlichkeitsentwicklung.
Wir sehen eine Beziehung zu dem «außen-geleiteten Typ» nach D. Riesmann, der sich immer nach seiner Umgebung richtet, der stellenweise mit seiner guten Verträglichkeit, guten Anpassung geradezu als kulturelles Ideal gesehen wird. Eine Beziehung besteht auch zu der «haltschwachen Persönlichkeit», die in stützender Umgebung vorbildliches Verhalten zeigt, auf sich selbst gestellt jedoch rasch in zweifelhafte Kreise gerät und dort nun wieder den Erwartungen der Kumpane entspricht.
Der Mensch mit der Priorität «Gefallen», der mit niemandem in Spannung leben will, hat anscheinend bei ernsten Konflikten wenig Kompensationsmöglichkeiten. Alle Menschen sind vom Grade ihres Selbstvertrauens und vom Klima ihrer menschlichen Umgebung abhängig, aber dieser ist es besonders stark.

3 *Kontrolle*

Die Tendenz bei dieser Priorität kann man so formulieren: «Ich brauche Sicherheit und Ordnung; ich muß die Dinge kontrollieren und überschauen können, sonst wird es gefährlich. Was ich unbedingt vermeiden möchte, ist: unerwartete Niederlage.» Dieser Gegenpol bedeutet wiederum ein «geheimes Wissen», d. h. eine feste Überzeugung: «In Wahrheit ist die Welt bedrohlich und gefährlich, auch in Zeiten, wo es ganz anders aussieht, voll von unerwarteten Möglichkeiten, gegen die ich trotz aller Vorsicht doch nicht gewappnet bin.» Für diese Haltung sind Angst und Furcht die spezifischen Emotionen. Die Angst kann allerdings vielerlei Bedeutung haben und auch vielerlei Zwecken dienen. Zur Priorität «Gefallen» gehört die Angst, abgelehnt zu werden; zur Priorität «Überlegenheit» gehört die Angst vor der Bedeutungslosigkeit. Ablehnung und Bedeutungslosigkeit sind die Gefahren, die für diese Prioritäten spezifisch sind. Für die Priorität «Kontrolle» jedoch ist kennzeichnend, daß hier Bedrohung und Gefahr an allen Ecken lauern. Dem entspricht eine allgemeine Angst, die sich immer wieder konkretisieren, d. h. auf ein bestimmtes Ereignis richten kann. Diese allgemeine chaotische Bedrohung sucht der Mensch mit der Priorität Kontrolle nun in Schranken zu halten mit seinen verschiedenen Methoden.

Die Kontrolle kann eng oder weit sein. Je geringer das Vertrauen zu sich selbst und zu anderen ist, um so enger wird die Kontrolle sein, um so drückender für alle Beteiligten.

Die Kontrolle erstreckt sich auf drei Bereiche: auf die eigene Person (Selbstkontrolle), auf andere Menschen und schließlich auf Situationen.

Selbstkontrolle

Eine enge Kontrolle läßt die Nachteile dieser Tendenz sichtbar werden. Beginnen wir mit der Selbst-

kontrolle: Der Betreffende ist gehemmt, er gestattet sich keine Spontaneität und keine Emotionen. Er achtet peinlich darauf, nicht aufzufallen – macht sich dadurch von anderen abhängig. Er wiederholt sich dann – im Sprechen, Schreiben, Handeln –, um es ganz genau zu treffen und zu sichern. Hier besteht eine Beziehung zu den Zwangshandlungen, besonders zum Kontrollzwang. Oft wird er seinen Lebensbereich einengen, um ihn überschaubar zu gestalten. Das wieder mindert die Möglichkeiten der Selbstentfaltung und des Selbstvertrauens, steigert dadurch wieder Angst und Kontrolltendenz. Er zieht sich zurück, besonders von anderen Menschen. Der Preis, den der Mensch mit Priorität «Kontrolle» zahlt, ist der Abstand von anderen. Dabei ist das, was seine Befürchtungen mindern kann, gerade die ungezwungene Gemeinschaft mit anderen in einer Atmosphäre des Vertrauens.
Mit dem Abstandhalten von anderen Menschen kontrolliert er diese Menschen, zugleich sich selbst und die Situation. Das bringt Kontaktprobleme, unter denen der Partner leiden kann, aber auch der Betreffende selbst, mittelbar oder unmittelbar. Sie wird verständlich aus dem Gedankengang der privaten Logik.

Kontrolle über andere Menschen

«Viele kann ich fernhalten, aber nicht alle, jedenfalls nicht die Mitglieder meiner eigenen Familie. Wie bin ich vor diesen sicher? Eigentlich nur, wenn ich alles genau weiß, was sie machen und überall da beeinflussen kann, wo es mir wichtig erscheint.» Je größer die Angst, um so größer ist das Bedürfnis, die anderen einzuengen. Der heranwachsende Sohn, die heranwachsende Tochter werden das als unerträgliche Einengung empfinden und die kontrollierenden Eltern als Tyrannen erleben. Vielleicht drängen sie gerade deshalb aus dem Haus und rebellieren, womit die Eltern dann wieder ihre schlimmsten Befürchtungen bestätigt sehen: «Wir hätten doch noch besser auf die Kinder aufpassen müssen.» Daß der Familienberater gerade entgegengesetzter Meinung ist, das können die Eltern, befangen in ihrem Sicherheitsdenken, nicht so ohne weiteres erfassen. Je enger jemand sich selbst seine Grenzen setzt, um so weniger kann er sich selbst kennenlernen und sich üben; je weniger er mit anderen umgeht, um so weniger kann er andere wirklich kennenlernen. Diese Lebenseinstellung eines umfassenden Mißtrauens wird von Nestroy so formuliert: «Ich traue niemandem, nicht einmal mir selbst, und ich bin immer gut damit gefahren.»

Enge und starre moralische Vorstellungen können einengen wie ein Panzer und lassen keinen Raum, sich selbst und andere wirklich kennenzulernen und seine eigenen Grenzen oder gar das Andersartige zu erfahren.

Kontrolle über die Situation

Der Mangel an Vertrauen und Selbstvertrauen läßt als logische Konsequenz erscheinen, daß man unbekannte Situationen vermeiden möchte (z. B. Angst vor Wasser und Schwimmenlernen, vor Aufzug oder Flugzeug). Der Mensch mit der Priorität «Überlegenheit» fühlt sich oft durch das Neue, Unbekannte geradezu herausgefordert und angeregt. Für den

Menschen mit der Priorität «Kontrolle» ist der Vorstoß ins Neue eine höchst bedenkliche Sache; er wird allenfalls nach vielen Vorsichtsmaßregeln und Vorbereitungen enger ins Auge gefaßt – und vielleicht dann noch im letzten Augenblick aufgegeben.
Eine Möglichkeit der Sicherung ist also, daß er seinen eigenen Bereich einengt und dadurch möglichst überschaubar hält. Eine andere ist der Sinn für Regeln, für Gesetz und Ordnung. Durch sie läßt sich ja das Leben überschauen und vorausberechnen – zumindest, solange sich alle daran halten. Er wird also bestrebt sein, die Gesetze des Lebens und des Zusammenlebens zu erfassen; er wird sich bevorzugt Gebieten zuwenden, die eine klare Überschau verheißen.
Der Preis, den der Mensch mit der Priorität «Kontrolle» zahlt, ist die menschliche Distanz, der Mangel an Kontakt, bis hin zur inneren Einsamkeit. Wieso dient das der Sicherung? Betrachten wir als Gegenbeispiel einen sehr geselligen Menschen: Er kennt jedermann, weiß keinen Abend, wer ihn einlädt und wann er genau nach Hause kommt, oder wer bei ihm hereinschneit und ihn unerwartet besucht. Er kann seine Zeit nicht einteilen, weiß niemals, ob er – soweit er überhaupt fest plant – nicht plötzlich unterbrochen wird, weiß nicht, ob er gerade mit angenehmen oder unangenehmen Menschen zusammentrifft, ob er am nächsten Tag ausgeschlafen ist. Nun, das mag anregend, lustig und unterhaltsam sein. Planung, Regelmäßigkeit und Überblick sind dadurch aber nicht möglich. Wie schützt sich nun der Ordnungsliebende vor solchen ungewünschten Unterbrechungen? Er weiß es vielleicht selbst nicht, warum man den Nachbarn so gerne besucht und ihn so selten, oder nur nach Voranmeldung. Die anderen

aber wissen es wohl; sie spüren und sagen vielleicht auch: Der hat das nicht so gerne, wenn man ihn unerwartet besucht, fragen wir vorsichtshalber vorher nach oder melden wir uns an – oder wir gehen einfach woanders hin. Vor ungeheure Schwierigkeiten stellt den Menschen mit der Priorität Kontrolle oft die Partnersuche. Wie soll man den Partner kennenlernen, ohne sich etwas zu vergeben, ohne vorschnell irgendwelche Verpflichtungen einzugehen – sei es auch nur moralischer Art? Wie kann man planen und sichern auf einem Gebiet, das einem so ganz fremd ist? Er wird es als sehr erleichternd empfinden, wenn er mit der Partnerwahl im bekannten Bereich bleiben kann – in der wohlvertrauten Nachbarschaft, im Bekanntenkreis oder im Kreise der Verwandtschaft.

Zur Sicherung gehört auch, daß man dem Gegner – und jeder Unbekannte ist ein möglicher Gegner – keine überflüssigen Hinweise und Fingerzeige gibt, die er ausnutzen könnte. Daher sei die Kleidung neutral und unauffällig, die Miene unverbindlich und nichtssagend, die Gestik gebunden. Wenn der andere Wünsche hat, so mag er zunächst sein Anliegen hinreichend darlegen, bis es überschaubar ist, dann wollen wir weiter sehen. Je größer das Vertrauen zu sich selbst und zu den anderen, desto weiter und großzügiger wird die Kontrolle sein. Eine solche Kontrolle erschien manchen Philosophen geradezu als ideal (Stoa, chinesische Richtungen). Diese Kontrolle wird im Idealfall den einzelnen selbst und andere wohl leiten, aber nicht einengen. Dazu gehört ein Erfassen der inneren Gesetze und Möglichkeiten, eine organische Entwicklung, eine Überzeugung, die die nötigen Regeln als selbstverständlich erscheinen läßt.

Wie ist die Beziehung zwischen Kontrollieren und Herrschen? Kontrollieren (sich selbst, die Situation) ist durchaus ohne Herrschen möglich, Herrschen ohne Kontrolle jedoch ein Unding. Eine Willkürherrschaft und eine enge und starre Kontrolle sind beide schwer erträglich. Zum Ideal einer kontrollierenden Herrschaft hier ein Zitat aus der altchinesischen Literatur:

> Herrscht ein ganz Großer
> so weiß das Volk kaum, daß er da ist.
> Mindere werden geliebt und gelobt,
> noch Mindere werden gefürchtet,
> noch Mindere werden verachtet.
> Wie überlegt muß man sein in seinen Worten!
> Die Werke sind vollbracht, die Geschäfte gehen
> ihren Lauf,
> und die Leute denken alle:
> «Wir sind frei.» (Laotse, Tao te King)

Wie wird ein Mensch mit der Priorität Kontrolle mit einer drohenden Niederlage fertig? Wenn alle Vorbereitungen, alle Vorsicht und Umsicht nichts nützte? Dann kann er die Niederlage für unausweichlich erklären; er hat sie mit allen Ursachen und Gründen längst vorhergesehen. Sie wird damit zu einem Triumph seines Geistes, hinter dem die Niederlage selbst verblaßt.

Der Sicherheit dient auch der bekannte Zweckpessimismus. Da kann eigentlich im Sinne der Kontrolle nichts schiefgehen. Tritt das schlimmste ein, wie er es vorausgesagt hat – dann hat er jedenfalls recht behalten. Glückt aber ausnahmsweise doch einmal etwas – dann ist es eben eine angenehme Überraschung. Freilich hat dieser Zweckpessimismus seine großen Gefahren überall da, wo er das Geschehen durch seine Erwartungshaltung selbst beeinflussen kann. Wo er sich in einer Prüfung, in einer Verhandlung auf Mißerfolge einstellt – da lenkt er die Dinge durch seine Haltung gerade in diese Richtung, und er wird seinen Zweckpessimismus öfter bestätigt finden, als dies eigentlich nötig gewesen wäre.

Konflikt und Unheil

Auf der Linie der Sicherung liegt es, die Klarheit dem Ungewissen vorzuziehen. «Besser ein sicherer Feind als ein falscher Freund», besser «der Ernstfall» als die ewige Unsicherheit. Dann sind wenigstens klare Fronten. Man weiß, wie man sich einzustellen hat. Aus der Kontrolltendenz ist das gut verständlich. Deutlich sind aber auch die Gefahren einer solchen Haltung: Ganz klare und beständige Regelungen gibt es im Leben selten – viel häufiger unsichere Situationen. Will man nun unbedingt klare Fronten, so kommt man natürlich viel leichter zu feindlichen Fronten als zu einer stabilen Freundschaft. Auch dadurch kann sich der Mensch mit der Priorität «Kontrolle» isolieren.
Zur Sicherung kann dienen: Die Einschränkung des eigenen Bereiches, bis er klein und überschaubar wird, die völlige Abkapselung, die Festung, anderseits gute diplomatische Beziehungen und ein gutes Informationssystem, durch das man alle Gefahrenmomente frühzeitig erkennt und sich vorbereiten kann. Der Mensch mit der Priorität «Überlegenheit» neigt dazu, seine Macht auch zu zeigen. Der Sicherung dagegen dient es, schlagkräftig zu sein, aber nicht herausfordernd.
Ein Dilemma und eine Krisenmöglichkeit: Der

Mensch mit der Priorität «Kontrolle» braucht zu seiner Sicherung nicht nur Mauern und Gitter, sondern auch ein Informationssystem. Bei der sorgfältigen Verarbeitung aller verfügbaren Informationen kann er schon aus wenigen Hinweisen ein zusammenhängendes Bild gewinnen (ob es immer zutrifft, ist eine andere Frage). Jedoch hat er gerade durch seine Sicherungsbestrebungen wenig Kontakt; ihm fließt zu wenig an Information zu, wenn er das nicht durch ein besonderes System ausgleicht (das gilt auch für stark kontrollierende Staatssysteme). Was könnte er alles mit den Informationen anfangen, die seinem geselligen Nachbarn mühelos in den Schoß fallen! Je mehr er sich abschließt, desto mehr ist er darauf angewiesen, aus wenigen Hinweisen sich ein Bild zu machen. Schlimmer wird es, wenn der Informationszufluß bei einem Menschen mit der Priorität «Kontrolle» durch äußere Ereignisse weiter schrumpft – etwa Tod von Familienangehörigen, zunehmende Schwerhörigkeit. Jetzt kann der Moment kommen, wo er aus ein oder zwei Hinweisen gleich eine Gefahr vermutet, ein Komplott wittert. Das Mißtrauen steigert sich ins Paranoide (Wahnhafte). Hier liegt ein Ansatzpunkt des Verständnisses für eine paranoide Entwicklung. Auch hier gibt es einen Teufelskreis, der nur durch vertrauensvolle mitmenschliche Beziehungen durchbrochen werden kann.

Was haben wir von einem Menschen mit der Priorität Kontrolle Gutes zu erwarten?

Er ist der Mann für den Alltag, der Mann im Hintergrund. Wir können Pünktlichkeit und Zuverlässigkeit erwarten, eine regelmäßige Pflichterfüllung ohne Aufsehen. Er plant sorgfältig, umsichtig, auch meist realistisch, eher noch allzu vorsichtig und skeptisch. Das sind Eigenschaften ohne Glanz, für den Alltag geschaffen. Aber schließlich legen wir alle Wert darauf, daß wir jeden Tag unseren elektrischen Strom, unser Brot, unser Mittagessen haben; daß die Eisenbahn pünktlich fährt usw. So sehr man Spontanität und Großzügigkeit schätzen mag, bei einem Flugleiter, einem Baggerführer, einem Bankbeamten oder Werkzeugmacher wird sie niemand angebracht finden; dazu legt man zuviel Wert auf seine und anderer Leute Sicherheit, Bankkonto usw. Das Regelmaß und die Versorgung des Alltags – sie hängen von den vielen Menschen ab, denen Pünktlichkeit und Kontrolle wichtig sind. Mag der Vereinsvorsitzende die Priorität «Überlegenheit» haben, zum Protokollführer, zum Kassenwart eignet sich jemand, dem die Kontrolle wichtig ist. Der erste macht schon auf sich selbst aufmerksam, den zweiten merkt man erst, wenn er ausfällt.

Die Kontrolltendenz kann einen Menschen dazu führen, daß er die Sicherheit eines Amtes, einer festen Stellung vorzieht; daß ihm diese Sicherheit wichtiger ist als ein höheres Gehalt. Das Streben nach Amt und Titel kann freilich auch auf der Linie der Überlegenheit liegen. Das Sicherheitsstreben beim Sprechen und Schreiben führt leicht zu einer Bevorzugung von Allgemeinplätzen, von Sprichworten oder ähnlichen Redensarten; beim Schreiben zu einer Überfülle von Zitaten. Freilich kann man sich auch an all die Autoritäten klammern, die man da zitiert, um an ihrem Rockzipfel voranzukommen. Eine Sicherungstendenz liegt trotzdem darin; das Streben nach Überlegenheit und nach Sicherung schließen sich ja keineswegs aus.

Wie vertragen sich Überlegenheit und Kontrolle?

Sie können sich gut oder schlecht vertragen. Oft beobachten wir, daß der Mensch mit der Priorität «Überlegenheit» den Kontrolleur gar nicht schätzt. Wenn er sich so recht entfaltet, kühne Gedanken entwickelt und das Publikum fasziniert, da sitzt vielleicht jemand dabei mit skeptischem Blick, der durch eingestreute Bemerkungen, vielleicht auch nur durch seine Haltung zu erkennen gibt: «Aber bitte mein Lieber, bleiben Sie auf dem Boden! So leicht sind wir nicht zu blenden.» Da kann ein schwungvoller Redner ins Zaudern geraten, geradezu zusammenfallen und sich nicht mehr recht entfalten. Kein Wunder, daß er das nicht mag. Dies scheint auch die Haltung großer Psychotherapeuten beeinflußt zu haben.

Alfred Adler findet sehr kritische Worte über die «neurotische Sicherungstendenz», die ihm anscheinend überhaupt nicht lag. Recht deutlich und nur leicht verhüllt kommt auch die Einstellung Siegmund Freuds gegenüber der kontrollierenden Haltung zum Ausdruck. Er beschreibt einen Typ, der allerhand von diesen Eigenschaften besitzt, und nennt ihn den «analen Typ» (abgeleitet von Anus = After, vulgär «Arschloch»).

Es gibt freilich auch ein positives Zusammenspiel zwischen Menschen der beiden unterschiedlichen Prioritäten. Das wurde schon skizziert. Der Verein, der einen Menschen der Priorität «Überlegenheit» zum Vorsitzenden hat und die Ämter etwa des Kassenwarts und des Protokollführers der Priorität «Kontrolle» überläßt. Gelegentlich findet man diese glückliche Verbindung zwischen einem aktiven Menschen, der nach Überlegenheit strebt, der gerne repräsentiert, der begeistern kann, der aufbaut und die Dinge vorantreibt, mit einem umsichtigen Mitarbeiter, der sorgfältig plant, ausbaut und sichert, der die Gesichtspunkte des nüchternen Alltags genügend einbezieht und manche allzu kühne Pläne durch seine Bedenklichkeit stoppt. Denken wir an die Märchengestalten des mutigen jungen Sultans, der von seinem erfahrenen und bedächtigen Großwesir begleitet wird.

4 *Bequemlichkeit*

Menschen mit dieser Priorität suchen Behaglichkeit und Bequemlichkeit; vermeiden wollen sie Belastung und vor allem Verantwortung. Sie streben an: Ruhe und Vergnügen. Doch ist das nicht der Ehrgeiz, möglichst viel Vergnügen genossen zu haben und sich damit am besten auszukennen, vielleicht um vor sich und anderen damit zu prahlen; dies entspräche mehr der Priorität «Überlegenheit» und kann eine hektische Note haben. Bei der Priorität «Bequemlichkeit» geht es um das freudige Genießen selbst. Der Mensch mit der Priorität «Bequemlichkeit» ist sinnlich in allgemeinster Bedeutung – mit Freude am Sehen, Hören, Schmecken, Fühlen; auch im sexuellen Sinn. Auf differenziertem Niveau hat auch die Freude an der Kunst einen starken Anteil. («Sinnlich»: Bei diesem Wort denken wir heute meist eingeengt an das Sexuelle, vielleicht noch an Essen und Trinken und verstehen es meist zugleich abwertend. Das zeigt unser schiefes Verhältnis zu dieser Lebensmöglichkeit und dieser Priorität.)

Wie erleben die anderen einen Menschen mit der Priorität Bequemlichkeit?

Er hat Zeit, für sich und andere. Er kann sich selbst entspannen und wirkt entspannend auf andere. Er läßt sich nicht hetzen, nicht irritieren. Er strahlt Gemütlichkeit und Wärme aus. Man kann gut mit ihm essen und er ist ein gerngesehener Gast, nur nicht bei hektischen Menschen. Man muß also Zeit genug für ihn haben. Shakespeare läßt seinen «Julius Cäsar» in dem gleichnamigen Stück sagen (1. Akt, 2. Aufzug): «Laßt wohlbeleibte Männer um mich sein, mit glatten Köpfen und die nachts gut schlafen. Der Cassius dort hat einen hohlen Blick; er denkt zuviel, die Leute sind gefährlich.»
Cäsar sieht sich und seine Überlegenheit durch Cassius bedroht. Die «wohlbeleibten Männer» mit dem guten Schlaf sind ihm keine Gefahr; mehr noch, an ihrer behaglichen Lebenskunst kann er teilhaben. Ein Mensch mit der Priorität «Bequemlichkeit» hat Freude am Leben, an der Schönheit, die sich anderen mitteilen kann. Er bildet einen ruhenden Pol.

Er kann die anderen in seinen Dienst stellen

Weil er es offenbar brauchen kann und auch zu schätzen weiß, sind die anderen gerne bereit, ihn zu versorgen und sich für seine persönlichen Bedürfnisse zu bemühen. Er dankt es ihnen dann schon mit der Freude, mit der er Geschenke annehmen kann; mit Humor, Anerkennung und Freundlichkeit. In der Zusammenarbeit kann er delegieren und die Leistung der anderen neidlos anerkennen.
Bei ungünstiger Ausprägung kann die Art, wie er andere in seinen Dienst stellt, als lästig empfunden

werden. Er macht es dann vielleicht mit Drängeln, mit Klagen, mit allzu offensichtlichem Demonstrieren seiner Unfähigkeit und Hilflosigkeit.
Wir empfinden ihn dann als faul, als verwöhnt und fordernd. Wenn die Arbeit vorangehen soll, kann er uns ausgesprochen irritieren und auf die Nerven fallen. Wir haben dann die Neigung, ihn unter Druck zu setzen. Natürlich bestätigt das sein «geheimes Wissen»: daß man ständig Anforderungen an ihn stellt, denen er nicht gewachsen ist. Das allgemeine Empfinden – «das Leben stellt zu hohe Ansprüche» – konkretisiert sich dann in unangenehmen Forderungen. Dann wird er noch mutloser und in einem Circulus vitiosus steigert sich die Problematik.
Solange man nicht Beweglichkeit, ständige Anpassung und besondere Verantwortung von ihm verlangt, kann der Mensch mit der Priorität «Bequemlichkeit» bei der Arbeit stetig und geduldig sein. Solche Arbeiten, denen ein ungeduldiger Mensch nicht gewachsen ist, gibt es sicher auch heute, früher wahrscheinlich viel öfter. Denken wir an den Fuhrmann, der viele Stunden auf seinem Wagen saß und eintönig auf sein Gespann herunterschaute; an den Schäfer oder Angler. Es gab viele Tätigkeiten, bei denen Hast oder ein besonderes Streben gar nicht paßten. In anderen Stellungen jedoch wird er bei seinem gemächlichen Tempo oft weniger leisten als die Kollegen. Das trifft besonders zu, wenn ein Tempo vorherrscht, das ihm nun gar nicht liegt, und wenn häufige Neuerungen immer wieder Umstellung und Anpassung erfordern. Er bezahlt den Preis einer geringen Leistung. Auch besteht bei ihm die Gefahr einer mangelnden persönlichen Entwicklung und Entfaltung, wie es ja in besonderem Maße der Preis der Priorität «Gefallen» ist.

Eine besondere Problematik, geradezu eine Krise kann sich ergeben, wenn plötzlich eine unerwartete Leistung notwendig wird, um eigene dringende Bedürfnisse zu befriedigen. Nehmen wir einen Mann mit der Priorität «Bequemlichkeit», der bis zum Alter von 45 Jahren immer von seiner Mutter versorgt wurde und damit völlig zufrieden war – aber jetzt ist die Mutter krank und kann nicht mehr, jetzt versorgt ihn plötzlich niemand mehr, und er selbst fühlt sich dieser Aufgabe nicht gewachsen. Eine Frau hat er nicht und weiß er auch nicht zu finden. Auf selbständige Aktivität ist er nicht trainiert.

Die Priorität «Bequemlichkeit» wird heute leicht einseitig negativ gesehen, vermutlich als Kehrseite des übersteigerten Konkurrenz- und Leistungsdenkens. Wir kommen aber weiter – mögen wir nun selbst zu dieser Priorität gehören oder sie bei anderen beobachten – wenn wir uns über die wichtigen positiven Möglichkeiten im klaren sind, wenn wir sie zu gebrauchen und zu schätzen wissen. An Menschen mit dieser Tendenz können wir geradezu etwas wieder entdecken und lernen, was uns verlorengegangen ist.

Das Genießen kann auf unterschiedlicher Ebene, mit unterschiedlichem Differenzierungsgrad entwickelt sein. Für manche Menschen mit der Priorität «Bequemlichkeit» ist Schönheit, Ästhetik, nicht Mittel zum Zweck (um andere zu übertrumpfen, zu beeindrucken) – sondern Lebenselement. In ihrem Kreis können Menschen mit dieser Priorität oft eine ausgleichende, entspannende Wirkung haben, nicht durch diplomatisches Geschick, sondern einfach durch ihre gelassene Haltung.

Wenn wir eine schwierige Lebenssituation vor uns haben, ein Problem, so können wir sie nun durchdenken mit der Frage: Welche der vier Tendenzen ist hier wirksam? Welche Priorität spricht sich aus? Im folgenden sind immer wieder Beispiele solcher Probleme eingestreut – als Anregung, sie unter dem Gesichtspunkt der Priorität zu durchdenken.

Eine Frau findet keinen Partner. Partner, die in Frage kommen, lehnt sie immer wieder innerlich ab. Bei der Psychotherapie wird ihr klar: Unbewußt mißt sie alle an ihrem Vater bzw. an seinem Idealbild, mit dem sie nicht mithalten können. Damit haben wir ihre private Begründung kennengelernt, einen Beweisschritt in ihrer privaten Logik. Wir haben noch nicht das Ziel ihres Verhaltens erfaßt. Dies erkennen wir am besten an der Auswirkung ihres Verhaltens: Sie vermeidet damit jede partnerschaftliche Bindung. Meist liegt dies auf der Linie der Sicherung – das Neue, Unbekannte wird auf diese Weise gemieden. Vielleicht wird die partnerschaftliche Beziehung, möglicherweise die Sexualität allgemein, als bedrohlich empfunden. Auch in anderen Fällen dient das Warten auf den idealen Partner oder die ideale Erfüllung dazu, die realen Möglichkeiten zu vermeiden. Hier sind also zwei Fragen zu stellen:

1. «Was denke ich mir eigentlich dabei?» (private Logik);
2. «Wie wirkt sich das auf mein Leben aus?» (Ziel des Verhaltens).

Eine 34jährige Frau berichtet: Seit Jahren hat sie Zwangsdenken – zählt teils bis drei, teils bis zehn; zählt jeden Gegenstand, den sie in der Hand hat.

Sie gibt weiter an: Wenn es in ihrer Wohnung laut sei – Fernsehen oder der lebhafte 13jährige Sohn –, stehe sie und könne nicht weiter, sich nicht konzentrieren. «Am besten alles so im gleichen Trott, nicht so viel Neues.» Abends – manchmal auch mehrmals am Tage – stehe sie in der Ecke des Raumes und überblicke diesen, ob alles seine Ordnung habe. Die Frau schildert ihre Situation ganz munter, sie wirkt rundlich und vergnügt.

Hier steht die Zwangssymptomatik offensichtlich im Dienst einer gewissen Beschränkung, Sicherung, Ordnung, entsprechend der Priorität «Kontrolle».

Von den Tausenden von Erlebnissen der ersten Lebensjahre hält jeder von uns einige wenige lebendig. Wir nennen sie die *«frühkindlichen Erinnerungen»*. In dieser Form hält jeder von uns den Lebensplan, den Lebensstil fest, den er in seiner frühen Kindheit selbst entworfen und entwickelt hat. Die Priorität als eine Grundtendenz des Lebensstils läßt sich daher auch in einer frühkindlichen Erinnerung bereits erkennen. Auch hierzu bringen wir einige Beispiele.

Frühkindliche Erinnerung: Als Mädchen geht sie mit fünf Jahren mit dem zwei Jahre älteren Bruder zum Rummelplatz. Der Bruder fuhr mit dem Autoskooter, und sie hatte Angst, mitzufahren. Daraufhin wurde sie ans Geländer gestellt, wo sie auf den Bruder warten sollte. Da hatte sie Angst, er hole sie nicht wieder ab, fühlte sich ziemlich allein.

Lebhafter Augenblick: wie sie am Geländer steht, das Gefühl dabei: Angst, alleine gelassen zu werden.

Die große Befürchtung, die der Priorität «Gefallen» entspricht: Mich mag keiner, alle lehnen mich ab. Wir können aus dieser Früherinnerung die Richtung des Handelns vermuten: Ich muß mir Mühe geben, daß die Leute mich nicht ablehnen. Deutlich wird die Einschränkung, die es bedeutet, das zum Hauptthema zu machen: alle Freuden des Rummelplatzes verschwinden hinter dieser Besorgnis, allein gelassen zu werden.

Die Großmutter war ihr vertraut. Nach dem Tode der Großmutter ging sie mit den Eltern zur Erbauseinandersetzung hin. Die Atmosphäre war gespannt, es gab Streit. Die Tante herrschte den Vater an: «Geh du doch raus!» Die Atmosphäre hat sie geängstigt. – Das Vertraute, Harmonische ist zerbrochen; eine Atmosphäre der Spannung und des Streites wird als bedrohlich empfunden. Dies liegt auf der Linie der Priorität «Gefallen»: den Konflikt als bedrohlich zu empfinden.

II Mehr über die Prioritäten

Wie reagieren wir auf die verschiedenen Prioritäten?

Die eigene Reaktion auf den Partner gibt wichtige Hinweise darauf, welche Tendenz er verfolgt und welche Priorität er hat. In weitem Umfang wird er die Reaktion wachrufen, die er anstrebt, allerdings mit Einschränkung. Hier läßt sich aus der Erfahrung berichten. Bill Pew* fühlt sich, wie er beschreibt, bei jemand mit der Priorität

Überlegenheit	–	unterlegen
Kontrolle	–	herausgefordert
Gefallen	–	akzeptiert
Bequemlichkeit	–	irritiert

Diese Erfahrung ist schon eine Art allgemeine Leitlinie. Es kommt nun darüber hinaus an:
auf meine eigene Persönlichkeit – meine Einstellungen und Erwartungen, einschließlich meiner Priorität;

* Siehe Literatur S. 120.

die jeweilige Situation, die ja auch Erwartungen und Einstellungen beeinflußt.
Die oben beschriebene Leitlinie dürfte etwa für jemand mit der Priorität «Überlegenheit» gelten: Wenn ein anderer seine Überlegenheit ausspielt, fühlt er sich unterlegen, vielleicht bedeutungslos; bei jemandem mit «Kontrolle» fühlt er sich eingeengt, gewinnt nicht den Zugang, den er sucht; bei «Gefallen» fühlt er sich anerkannt und akzeptiert; der «Bequeme» irritiert ihn, wenn er von diesem Mann etwas braucht und ihn in Schwung bringen möchte.
Jemand mit der Priorität «Bequemlichkeit» wird vielleicht gefühlsmäßig am meisten übrig haben für einen anderen, der auch Bequemlichkeit sucht, und für «Gefallen». Ein Mensch mit der Priorität «Kontrolle» kann es durchaus als angenehm empfinden und zu schätzen wissen, auf einen anderen mit der gleichen Haltung zu treffen und das Verwandte zu spüren. Die eigene Reaktion ist nur dann als einigermaßen brauchbare Methode für diagnostische Hinweise zu verwenden, wenn wir unsere «persönliche Gleichung» kennen; wenn wir über unsere eigene Einstellung und Priorität Bescheid wissen und erfahren haben, wie wir persönlich reagieren. Zur Abhängigkeit von der Situation: Wenn uns ein Mensch mit starker Tendenz zur Sicherung und Kontrolle als Klient oder Freund entgegentritt, zu dem wir Zugang finden, von dem wir mehr erfahren möchten, so kann seine Verschlossenheit uns herausfordern. Treffen wir ihn als Fachmann, der knapp und sachlich das nötige tut, was in diesem Fall erforderlich ist, so können wir dieselbe Haltung als recht angenehm empfinden. «Bequemlichkeit» kann sehr irritieren, wenn die Arbeit vorankommen soll; sie

kann sehr angenehm und entspannend sein, wenn man gemeinsam den Feierabend verbringt.
Überlegenheitsstreben eines anderen können wir unter Umständen als willkommene Herausforderung nehmen, in kameradschaftlicher Form unsere Kräfte zu messen.

Der Preis, den wir für unsere Priorität zahlen

Für jede Priorität ist ein Preis zu zahlen, sind Nachteile in Kauf zu nehmen. Das Schema von Bill Pew führt sie in Kurzfassung auf. Hier soll auf bestimmte Unterschiede eingegangen werden. Bei «Überlegenheit» findet sich als Preis: Überlastung, Überverantwortlichkeit. Diese Nachteile wird der Betreffende selbst und unmittelbar spüren. Es gibt andere Nachteile, die ihm mehr mittelbar zu schaffen machen: z. B. Ablehnung der anderen, wenn er sein Überlegenheitsstreben allzu schroff an den Tag legt; geringe sachliche Leistung, wenn er sich in fruchtlosen Rivalenkämpfen erschöpft.
Bei «Kontrolle» ist als Preis genannt: sozialer Abstand. Diesen wird allerdings der Mensch mit der Priorität «Kontrolle» kaum als Nachteil empfinden – er strebt ihn ja geradezu an. Der soziale Abstand stört mehr die anderen. Mittelbar freilich wirkt er sich dann weiter aus: vor allem bei den engeren menschlichen Beziehungen, am stärksten in der Partnerschaft. Die Distanz kann dem Partner schwer zu schaffen machen, und eine Bindung kann daran zerbrechen. Der Mensch mit der Priorität «Kontrolle» mag die Distanz anstreben, aber die Einsamkeit kann ihm dann doch zum Problem werden.

Bei der Priorität «Gefallen» findet sich als Preis: verzögerte Persönlichkeitsentwicklung. Das wird der oder die Betreffende selten als Nachteil empfinden, weil es gar nicht so bewertet wird; aber der Beobachter merkt es. Unmittelbarer werden andere Nachteile wahrgenommen: daß man vielleicht auch einen wichtigen eigenen Wunsch nicht zur Geltung bringen kann, weil man das nie geübt hat, oder daß man unter Konflikten leidet.
Ein Mensch mit der Priorität «Bequemlichkeit» wird sich selbst wenig an dem Preis stören, den er zahlt: verminderte Produktivität. Indirekt freilich kann es sich auswirken: wenn die anderen schimpfen oder wenn er zu wenig Geld hat, seine Bedürfnisse und Wünsche zu befriedigen. Unmittelbar wird er eher spüren, daß er sich überlastet fühlt. Die Überlastung kann also sowohl bei «Bequemlichkeit» wie bei «Überlegenheit» als Problem auftreten – freilich in ganz verschiedener Form und verschiedenem Zusammenhang.

Priorität als Methode

Wie wir uns verhalten, hängt nicht nur von unserer Priorität ab, sondern auch von der Situation. In einer zweifelhaften Wohngegend einer Großstadt, zu ungünstiger Nachtstunde, beim Anblick verdächtiger Gestalten mag wohl jeder ein gewisses Sicherheitsstreben entwickeln. Umgekehrt mag in einer entspannten, angenehmen Situation auch jemand, der nicht die Priorität «Gefallen» hat, geneigt sein, sich seinem Partner oder seiner Partnerin gegenüber von einer charmanten, gewinnenden Seite zu zeigen. Die Prioritäten bezeichnen jedoch vorherrschende Ten-

denzen. Nun kann durchaus eine Priorität die Methode der anderen in ihren Dienst stellen. Am schönsten ist das bei der Priorität «Überlegenheit» zu erkennen, die am flexibelsten ist, was die Methoden oder auch die Tarnung angeht. Die Breite des Repertoirs ist nun wieder von einem zum anderen verschieden. Häufig ist zu beobachten, wie Charme und «Gefallen» in den Dienst der Überlegenheit gestellt werden. Denn das ist oft die geeignete Methode, jemanden zu «gewinnen», der uns noch fremd ist und vielleicht vorsichtig oder ablehnend gegenübersteht. Manchmal ist man dann ganz verblüfft, wenn plötzlich «die Katze ihre Krallen zeigt»: wenn jemand, den man als charmant und gesellig erlebt hat, sich plötzlich in der unangenehmsten Weise durchzusetzen versteht – meist in dem Augenblick, wenn er seine Macht in Frage gestellt sieht.
Daß ein Mensch mit der Priorität «Überlegenheit» die Kontrolle in seinen Dienst stellt, ist so häufig, daß es manchmal Schwierigkeiten macht, diese beiden Prioritäten klar zu trennen. Kontrolle über andere Menschen bedeutet wahrscheinlich meistens: Kontrolle im Dienste der Überlegenheit. Zur Unterscheidung kann manchmal eine Frage dienen: Fühlt sich der Betreffende wie alle anderen an bestimmte gemeinsame Regeln gebunden? Schätzt er die Ordnung um ihrer selbst willen, so wird er selbst sich genauer daran halten, als er es von anderen verlangt. Verwendet er Kontrolle nur als Methode, wird er sich selbst mehr Großzügigkeit gestatten als den anderen.
Selbst die «Bequemlichkeit» kann in den Dienst der Priorität «Überlegenheit» treten. Ein flexibler Mensch weiß sich auf den Standort der Bequemlichkeit zurückzuziehen, wenn er im Wettkampf eine

Niederlage befürchtet. Diese Methode läßt sich geradezu provozierend ausspielen. Menschen mit der Priorität «Bequemlichkeit» entwickeln gewöhnlich weniger Dynamik und Flexibilität. Aber auch sie können manchmal auf der Klaviatur der übrigen Prioritäten spielen, ja sogar kämpfen, um ihre Bequemlichkeit zu verteidigen.
Jemand mit der Priorität «Kontrolle» kann eventuell den Bequemen spielen, wodurch er sich auf einen kleinen, sicher überschaubaren Bereich zurückzieht. Nicht ganz selten ist eine freilich oberflächliche Gefälligkeit und Freundlichkeit zu beobachten, die vor Konfrontation schützt und hinter der dennoch Distanz erhalten bleibt. Seltener und eigenartiger ist der Kampf als Mittel im Dienste der «Kontrolle». Verständlicher wird das daraus, daß ein Mensch mit der Priorität «Kontrolle» oft nicht eine abstrakte Sicherheit anstrebt, sondern die Ordnung. Ein Motto wie «Klare Fronten – Freund oder Feind» oder auch «Besser ein Ende mit Schrecken als ein Schrecken ohne Ende» macht deutlich, wie hier selbst der Kampf einer unklaren und unübersichtlichen Situation vorgezogen wird.
Bei Menschen mit der Priorität «Gefallen» liegen die Dinge wieder anders. Wer allen gefallen will – oder zumindest jeweils dem, mit dem er gerade zu tun hat –, wird auch von seiner speziellen Methode kaum herunterkommen. Anders, wenn sich das «Gefallen-wollen» auf eine ganz bestimmte Bezugsperson konzentriert. Dann kann jemand mit der Priorität «Gefallen» eine geradezu chamäleonhafte Anpassungsfähigkeit entwickeln – sich mit dem einen Partner der Behaglichkeit hingeben oder zu anderer Zeit das Ordnungs- und Kontrolldenken eines neuen Partners übernehmen; selbst im Gefolge gewisse

kämpferische Aktivitäten entwickeln, die freilich nicht sehr überzeugen mögen.
Sich in einer anderen Priorität als der eigenen zu versuchen, erweitert zweifellos die Möglichkeiten. Freilich sind manchmal die ersten Schritte in dem neuen Stil noch wenig überzeugend. Es hat manches für sich, diese ersten Schritte in geschützter Situation oder geschützter Umgebung zu versuchen: beispielsweise im Rollenspiel, in einer Gruppe oder einem vertrauten Kreis oder im Karneval, wo alles mögliche gestattet ist und toleriert wird.

Wie stehen Priorität und Lebensstil zueinander?

Unseren Lebensstil entwickeln wir in den ersten Lebensjahren aus dem Material, das uns unsere Umgebung, unsere Familie, unsere Umwelt liefert. Jeder Lebensstil ist so einmalig wie die Persönlichkeit, die ihn schöpferisch entwickelt hat. Er umfaßt unser Bild von der Welt, von den anderen Menschen, von uns selbst, unserer Stellung im Leben und zu den anderen, und er legt fest, in welcher Richtung wir uns zu bewegen haben. Manchmal gibt er noch die Methoden unseres zielgerichteten Verhaltens an. Niedergelegt ist er nicht in abstrakten Worten, sondern in bildhaften Vorstellungen. In gewissem Sinne entzieht sich der Lebensstil einer Wiedergabe durch Worte. Dennoch formulieren wir ihn in der Psychotherapie, um ihn ins Bewußtsein zu heben.
Wenn auch jeder Lebensstil ganz persönlich und einmalig ist, so lassen sich doch gewisse Grundzüge vergleichen. Einheitlich findet sich die von Alfred Adler aufgezeigte Grundlinie: vom Minus zum Plus, von Minderwertigkeit zu Überlegenheit. Das gilt für

alle Menschen, sagt freilich darum individuell wenig aus. Die vier Prioritäten bieten eine Möglichkeit der Gruppierung, aber mehr als das: Sie geben einen guten Ansatz, den Lebensstil aus seiner Zielrichtung zu verstehen. Sie ersetzen nicht die individuelle Erfassung des Lebensstils, aber sie bieten eine Methode, die Grundlinie zu erfassen und die Möglichkeiten einer Tendenz des Lebensstils zu überschauen.

Beispiele

Ein und dasselbe neurotische Symptom kann zu ganz verschiedenen Zielen gebraucht werden, von verschiedenen Menschen mit unterschiedlicher Priorität. Auch in diesem Sinne gilt: Wenn zwei dasselbe tun, so ist es nicht dasselbe. Ziel und Priorität lassen sich oft erkennen, wenn wir beobachten, welche Wirkung jemand mit seinem Symptom bei anderen Menschen hervorruft, und weiterhin überlegen, welche Rolle sein spezielles neurotisches Verhalten in seinem eigenen Lebensplan spielt. Dazu vier Beispiele:

Stottern und gefallen wollen. Dirk zeigt trotz des Stotterns beim Sprechen ein freundliches Gesicht. Man gewinnt den Eindruck, daß er sich sehr anstrengt. Der gute Wille ist offensichtlich, das Ergebnis der Anstrengung sehr mager; was er spricht, ist kaum verständlich. Der Zuhörer spürt Mitleid, obwohl Dirk ihn lange warten läßt, bevor die Antwort herauskommt. Wenn man über die oft unnütze Anstrengung lachen muß, ist Dirk der erste, der spontan mitlacht. Wenn er allein ist oder in einer harmonischen Atmosphäre mit wohlwollenden Leuten zusammen ist, stottert er nicht. Am meisten tritt die Störung auf, wenn er in Konfliktsituationen Stellung nehmen muß.

Stottern und Distanz halten. Hans ist im Berufsleben sehr tüchtig und erfolgreich, er arbeitet als Geschäftsführer. Im normalen Umgang kann man sich sachlich, rational gut mit ihm unterhalten. In Gesprächen, die in den privaten Bereich geraten, kann er schwer über persönliche Gefühle und Regungen sprechen. Wenn das Gespräch eine Gefühlsäußerung von ihm erfordert, setzt das Stottern ein oder es verschlimmert sich. Dasselbe geschieht auch, wenn er bei einem Fehler ertappt wird. In diesem Falle versucht er, entweder den Fehler einem anderen zuzuschieben oder vorsichtig die Möglichkeit zuzugeben, daß er den Fehler vielleicht gemacht habe. Über Fehler, die er nicht zugeben will, redet er lange mit viel Stottern, bis der andere, müde vom Zuhören, allmählich nachgibt mit Worten im Sinne von: es wird schon gut sein.

Das Stottersymptom bringt eine Zunahme der gesprochenen Laute zustande mit Schnaufen und Kopfabwenden. Alle drei Elemente zerstören die Beziehung und besagen: «Ich will mit dir hierüber nicht reden.» Er benutzt sein Stottern offensichtlich dazu, sich zurückzuziehen und Distanz zu schaffen, wenn er es für nötig hält.

Stottern und andere in seinen Dienst stellen. Ineke spricht mit leiser Stimme, manchmal ganz fließend, bleibt dann plötzlich stecken und wiederholt das letzte Wort oder sagt mit einem hilflosen Ausdruck im Gesicht: öh, öh, öh – an Stellen, wo der Zuhörer das Schlüsselwort erraten kann. Manchmal tritt auch eine Art Nuscheln auf. Der Zuhörer spürt die Hilflosigkeit und wendet sich Ineke ganz zu. Er muß sich konzentrieren, um nicht nur zu verstehen, was

sie sagt, sondern auch im rechten Augenblick das richtige Wort, worauf sie hängenblieb, zu ergänzen. So muß der Zuhörer ganz für Ineke da sein, sonst bekommt er ganze Teile des Gespräches nicht mit.
Stottern und etwas Besonderes sein. In dem kleinen Dorf, wo er aufgewachsen war und 30 Jahre gelebt hatte, galt er mit seinem heftigen Stottern als merkwürdiger Vogel und Sonderling. Unterhalten konnte man sich mit ihm eigentlich überhaupt nicht. Freunde hatte er nicht. Eine Freundin auch nicht. Dann kam der Augenblick, wo er zur Sprachtherapie gehen wollte, nachdem im Fernsehen gezeigt worden war, daß man dadurch sein Stottern verlieren kann. Die Familie, die Verwandten, die Nachbarn und schließlich die meisten Einwohner des Dorfes wußten, daß er jetzt besser sprechen lernen würde.
In der Therapiezeit hat er sich energisch für die Verbesserung des Sprechens eingesetzt, indem er sich fanatisch mit der Atem- und Sprechtechnik beschäftigte. Nach einigen Tagen hat er fließend gesprochen, nachdem er die Atem- und Sprechtechnik auffällig gut angewendet hat. In dieser Beziehung war er sicher das beste Gruppenmitglied. Alle haben gestaunt. Nach fünf Tagen Therapie ging er fließend sprechend nach Hause und wurde in seinem Dorf von der Familie, der Verwandtschaft, den Nachbarn und anderen bestaunt. Er hat geredet und hörte fast nicht mehr auf. Die anderen haben ihm bewundernd zugehört und alle wußten es: «Das Wunder ist geschehen, er spricht jetzt noch besser als der Durchschnittsmensch.» Viele aus dem Dorf kamen zu Besuch, um sich das Wunder anzuhören und anzusehen. Er demonstrierte immer wieder, wie einfach es ist, fließend zu sprechen. So viel Aufmerksamkeit hatte er noch nie gehabt. Je mehr man ihn bestaunte und

je mehr man unhörbar applaudierte, um so besser und um so mehr sprach er.
Etwa 14 Tage hat es gedauert, dann kehrte die Ruhe des normalen Lebens wieder zurück. Alle wußten es, er spricht jetzt wie wir alle. Niemand fragte mehr, wie er es machte. Man fand es normal, daß er ein normaler Mensch wäre. Er jedoch nicht. Als er wieder anfing, etwas zu stottern, haben sich die Leute wieder gewundert und sich gefragt, wie das möglich wäre, und mit ihm darüber gesprochen. Er hat dann erzählt, wie das kommt, und daß er jedoch auch anders kann und daß er aber sehr darauf achten muß. Auch das war bald bekannt. Das Wunder war doch nicht so groß. Nach einiger Zeit war er wieder der alte merkwürdige Vogel, den man bestaunte, nicht weil er so fließend sprach, sondern weil er so merkwürdige Laute und Bewegungen machte beim Sprechen. Das Stottern und der Heilerfolg verhalfen ihm dazu, mit einer Sonderrolle Aufmerksamkeit zu gewinnen.
Früherinnerung: Sie liegt als kleines Mädchen mit der Strampelhose im Gitterbett. Die Verwandten – sie sieht nur die großen Köpfe über sich – schauen herunter. Sie sagt etwas; die lachen einfach darüber. Sie ärgert sich, weil sie nicht verstanden wird, möchte ernstgenommen werden. Ob es eine echte Früherinnerung ist oder ein Traum, weiß sie selbst nicht mehr genau.
Sie fühlt sich unterlegen, die großen Köpfe schauen auf sie herunter. Mehr als das: Als sie etwas sagt, lacht man über sie. Sie will ernstgenommen werden. Das liegt auf der Linie der Überlegenheit.
Mit drei Jahren wurde sie von einem alten Mann, dessen Hinken sie gelegentlich nachahmte, liebevoll mit kleingeschnittenen Butterbroten gefüttert. Er

hatte sie dabei auf dem Schoß. Sie empfand es als angenehm, «daß sich da jemand um mich kümmert». «Daß sich jemand um mich kümmert» – das könnte auf der Linie des Gefallens oder der Bequemlichkeit liegen. Der Zusammenhang paßt mehr zur Bequemlichkeit: Sie sitzt auf dem Schoß, wird gefüttert. Das Thema der Überlegenheit scheint auch darin anzuklingen, aber diesmal ist sie überlegen: Der alte Mann ist durch sein Hinken etwas lächerlich, gelegentlich ahmt sie ihn spottend nach.

Bei der Therapie ergab sich, daß vieles auf der Linie der «Bequemlichkeit» lag: u. a. auffallend farbige Träume, eine Freude an Farben, ein guter Geschmack.

Eine Frau erzählt: Mit fünf Jahren stand ich auf einem Stuhl am Tisch und spülte in einer Schüssel Geschirr. Die Mutter lag, sie war viel kränklich. Da kommt mein Onkel und sagt: «Die Messer legt man nicht ins Wasser, die legt man daneben, sonst schneidet man sich!» Am lebhaftesten ist der Augenblick, wie er das sagt. Ich schäme mich, ich mache was falsch und denke daran, daß jetzt die Mutter unzufrieden sein und sich ärgern muß. Daß ich schon spülte, war nichts Besonderes; als kleines Kind wurde ich schon viel zu Hausarbeiten herangezogen.

Wir sehen ein braves Mädchen, das für die kränkelnde Mutter die Hausarbeit macht. Trotz ihrer Kleinheit spült sie ab wie eine Große, steht dafür auf einem Stuhl. In der Früherinnerung wird aber keinesfalls das Hochgefühl festgehalten, nicht die Selbstbestätigung in nützlicher Tätigkeit. Der entscheidende Augenblick der Früherinnerung ist vielmehr: Der Onkel zeigt ihr, daß sie es doch nicht recht macht. Sie fühlt sich klein, beschämt, denkt zugleich, daß die Mutter sich nun über sie ärgern müßte. Aus dieser Früherinnerung können wir zwei Tendenzen vermuten:

den Ansporn – ich muß brav sein, gut sein; die Linie der moralischen Überlegenheit – und

ich muß mich anstrengen, daß die Mutter sich nicht über mich ärgert, mir nicht böse ist; entsprechend der Priorität «Gefallen».

Diese beiden Tendenzen – moralische Überlegenheit und Gefallen – vertragen sich ganz gut; sie steigern sich freilich auch in ihrer Problematik. Bei dieser Frau kommen öfter die Klagen: Ich meine, ich mache alles falsch (d. h. sie ist bestrebt, alles richtig zu machen) und: Ich meine, die Leute mögen mich nicht, haben etwas gegen mich (die Ablehnung als Hauptsorge bei der Priorität «Gefallen»). Fast immer sagt die frühkindliche Erinnerung mehr aus, als der bloßen Zuordnung im Rahmen der Prioritäten entspricht.
So ist hier schon enthalten: Wichtig ist, was die anderen über mich sagen, über mich denken – Onkel und Mutter –, und die Entmutigung, ich habe es wieder nicht richtig gemacht.
Die Methode der Prioritäten hilft uns auch hier zu einer rascheren Orientierung. Zudem kommen wir schneller darauf, worin der geheime Gewinn stecken kann, wenn die anderen in ihrem Handeln als unerfreulich, enttäuschend registriert werden: Wenn die anderen sich immer wieder so böse verhalten, so ist das sehr traurig, aber ich stehe dann moralisch daneben relativ besser da. Es kann helfen, diesen Gewinn zu erkennen. Noch weiter führt es sicher, die positiven Möglichkeiten der beiden Prioritäten

«Überlegenheit» und «Gefallen» zu sehen, zu bestärken und zu entwickeln.

Ein 19jähriger berichtet: Er ist unzufrieden mit seinem Leben, mit seiner Arbeit als Industriekaufmann. Er will unabhängig sein mit seiner Zeit und seinem Geld. Oder er will Lehrer werden. Er trinkt regelmäßig am Wochenende, manchmal auch unter der Woche. Mit einem Freund zusammen macht er manchmal überraschend «verrückte Fahrten» in eine Großstadt. Der junge Mann wirkt schmächtig und unsicher. Bei der Erwähnung dieser spontanen Autofahrten strahlen er und sein Freund, der mitgekommen ist. Wünsche und Probleme liegen auf der Linie der Priorität «Überlegenheit». Unabhängig sein mit Zeit und Geld – oder Lehrer werden: Das widerspricht sich ziemlich. Es zeigt aber zwei Spielarten der «Überlegenheit»: entweder Ungebundenheit nach Zeit und Geld, was der junge Mann sicher mit entsprechenden Möglichkeiten und Aktivitäten verbindet; oder über andere zu sagen haben. Bei den «verrückten Fahrten» erleben beide Freunde eine flüchtige Realisierung ihrer Wünsche. Ermahnungen, ein bescheidenes und geregeltes Leben zu führen, liegen auf der Linie der «Kontrolle»; sie würden hier gewiß als wesensfremde Einengung verstanden. Dagegen besteht sicher mehr Bereitschaft, nach günstigeren Realisierungsmöglichkeiten der eigenen Priorität «Überlegenheit» zu suchen. Wo freilich schon das Trinken im Spiel ist, wird eine spezielle Gruppenarbeit nötig sein. Deutlich ist hier das starke Maß von Entmutigung.

Sein Freund berichtet: Beide Eltern üben einen «ungeheuren moralischen Druck» auf ihn aus, besonders seit einer Erkrankung des Vaters. Seine kaufmännische Lehre hat er abgeschlossen, und jetzt bedeutet es für ihn eine Qual, täglich am Arbeitsplatz zu erscheinen. Es füllt ihn nicht aus. Mit einer Freundin war er zwei Jahre zusammen, auch verlobt, jedoch habe er kein Vertrauen gehabt, sei launenhaft gewesen, so ging es auseinander. Er mache gerne Spiele – Glücksspiele. Er neige dazu, die eigene Handlungsweise mehr als Spiel zu betrachten, auch seine Beziehung zu Mädchen, seine Gesundheit zu riskieren. Er sei ein großer Träumer, finde die Realität grausam. Seit einem Monat sei ihm «ziemlich alles gleichgültig».

Der schlanke junge Mann hat gute Formen und ein gewandtes Auftreten. Er ist es, der in der Freundschaft mit dem vorigen führt. Mit dem Trinken hat er weniger Probleme. Im Auftreten wirkt er gefällig. Er meint selbst, seine Probleme lägen vor allem bei «Gefallen», meint, sich nicht durchsetzen zu können. Wir erkennen die starken Tendenzen der Priorität «Überlegenheit». Er fühlt sich unter «ungeheurem moralischen Druck», d. h. unterdrückt, empfindet seine Berufstätigkeit als eintönig, belastend. Er möchte ausbrechen, studieren. Er flüchtet sich in Träume, liest gerne den «Steppenwolf» von Hermann Hesse. Die unüberlegten «verrückten Fahrten» empfindet er als großartig. Inzwischen sehen wir schon die Stufe der Resignation.

III Priorität in Beruf und Zusammenleben

Im Zusammenleben der Gruppe kann man beobachten, daß nicht nur jede Priorität ihre guten Eigenschaften hat, sondern geradezu unersetzlich ist in ihrer Funktion. Jede ist notwendig, auf keine können die anderen verzichten. Betrachten wir als Beispiel die Angestellten in einem größeren Büro:
Wer wird am meisten im Vordergrund stehen? Wahrscheinlich der Mensch mit der Priorität «Überlegenheit», denn er strebt danach. Er wird sich hervortun durch gute Einfälle, durch Aktivität, durch hervorragende Leistung, durch Beweglichkeit und Aufgeschlossenheit für Neues, ständig in Bewegung, kommt gerade von einer wichtigen Besprechung oder geht zu einer anderen. Er bringt Bewegung und Leben in den Betrieb. Mehrere Menschen mit dieser Priorität in einem Büro kommen leicht in einen ehrgeizigen Wettkampf, sie können ein Klima des unangenehmen Wettbewerbs entwickeln. Wenn jedoch ihr Wille zur Zusammenarbeit ausgeprägt ist und dann noch die Kompetenzen klar verteilt sind, dann muß es nicht so sein, und unter günstigen Umstän-

den kann jeder seine positiven Möglichkeiten voll entfalten. Solche Menschen sind oft bereit zu führen und Verantwortung zu übernehmen. Sie können sich einsetzen, Zeit und Energie investieren.
Der Mensch mit der Priorität «Kontrolle» ist das Rückgrat des regelmäßigen Betriebs. Er tut zuverlässig die Alltagsarbeit. Bei der Planung nimmt er die genialen Vorschläge des «Überlegenen» auf und prüft sie auf ihre Durchführbarkeit. Er bringt die neuen Vorschläge in die Kontinuität der Entwicklung hinein. Er vertritt Realitätssinn und Skepsis. An ihm können unter ungünstigen Umständen alle neuen Vorstöße scheitern, unter günstigen Umständen kann sich ein ideales Zusammenspiel entwickeln, indem sich aus Wagemut, Kreativität und Realitätssinn die Kunst des Möglichen entfaltet. Er ist pünktlich, zuverlässig und gründlich. Er ist umsichtig, geneigt, alle Umstände und Möglichkeiten sorgsam mit in Betracht zu ziehen. – Ein Büro mit lauter Menschen mit der Priorität «Kontrolle» kann man sich vorstellen, sie können miteinander sogar ganz zufrieden sein, aber vermutlich wird der ganze Betrieb dann entsetzlich zur Erstarrung neigen (vergleiche die Amtsstuben, in denen dem Volksmund nach der Kalk rieselt). Stetigkeit und Beständigkeit sind seine besonderen Vorzüge.
Welche Stellung hat der Mensch mit der Priorität «Gefallen»? Er bringt das Öl ins Getriebe, er bringt Sonnenschein und Menschlichkeit hinein. Oft zeigt er sich als weibliches Element hübsch und adrett, schon weil es die anderen erwarten und mögen. Er stellt sich auf die anderen ein, er erfüllt ihre Erwartungen ungefragt. Man kann sich da am ehesten eine freundliche Sekretärin oder Schreibkraft vorstellen im Büro oder im Vorzimmer oder eine Sprechstundenhilfe

Sie hat ein offenes Ohr für jeden Besucher und für jeden Wunsch. Nein sagen kann sie schlecht und muß sie auch selten – denn dann ist da immer ein Vorgesetzter, auf den sie verweisen kann. Sie kann gut und zwanglos Kontakt herstellen. Konflikte sucht der Mensch mit der Priorität «Gefallen» auszugleichen, darin entwickelt er einige Übung.

Nun der Mensch mit der Priorität «Bequemlichkeit». Er erfreut sich meist keiner besonderen positiven Wertschätzung. Wenn man aber genauer hinschaut, sieht man, daß auch er seine wichtige Funktion hat. Er ist der ruhende Pol. Er tut seine Arbeit, aber gemächlich, ohne sich antreiben oder nervös machen zu lassen. Sein Tempo mag den Vorgesetzten manchmal irritieren, zu anderen Zeiten wird auch dieser die ruhige, behagliche Atmosphäre zu schätzen wissen, die der Mensch mit der Priorität «Bequemlichkeit» ausstrahlt, und wird sich selbst darin entspannen. Er hat eine wichtige Pufferfunktion zwischen seinen ehrgeizigen Kollegen: Er kann ihr ehrgeiziges Streben mit ansehen, ohne mißgünstig zu werden. Oft schafft er mit seiner unerschütterlichen Art eine freundliche Atmosphäre. Er kann ausgleichen – weniger durch aktive Anstrengung als einfach durch seine eigene ausgeglichene Haltung.

In einer eingespielten Arbeitsgruppe können alle, jeweils in ihrer unterschiedlichen Priorität und Rolle, sich auf die anderen verlassen. Im richtigen Augenblick kann man einem anderen mit seiner Art das Feld überlassen oder, von der wohlwollenden Erwartung getragen, selbst hervortreten.

Das gilt selbst dann, wenn einer auf den anderen schimpft, vielleicht auf dessen Ehrgeiz und Unrast, Nachgiebigkeit, Trägheit und Starrheit und mangelnden Sinn für Großes und Neues. Es gibt ein bösartiges Schimpfen und ein mehr gewohnheitsmäßiges, das die eigene Position absteckt. Vielleicht kann man aber, wenn man die Situation genügend übersieht, eine wohlwollendere und freundlichere Form finden, die eigene Funktion und Position zu wahren.

Die Prioritäten entsprechen Wünschen oder Tendenzen. Eine schließt die andere nicht aus – im Gegenteil können wir ja davon ausgehen, daß jeder Mensch alle vier Tendenzen in sich hat, allerdings jeder in seiner persönlichen Rangfolge. Den Gesichtspunkt dieser vier Tendenzen können wir nicht nur auf einzelne Persönlichkeiten anwenden, sondern auch auf Gruppen oder Systeme, etwa einen Familienstil danach beurteilen, welche Tendenz hier vorherrscht. Das gleiche gilt für Berufe. Um die vorherrschende Tendenz eines Berufs zu finden, können wir uns drei Fragen stellen:

Wie wirken die Vertreter dieses Berufes überwiegend auf mich, auf meine Bekannten, auf andere Menschen?

Was für Menschen zieht es zu diesem Beruf?

In welcher Richtung prägt dieser Beruf seine Vertreter?

Dieser dritten Frage messen wir besondere Bedeutung bei: In welcher Richtung, zu welcher Tendenz ein Beruf seine Angehörigen prägt, wohin er sie drängt. Mit einem Beruf, mit einer Stellung sind gewisse Erwartungen und Anforderungen verbunden. Es kann nun jemand so mit seiner Persönlichkeit in den Beruf hineinpassen, daß er wie auf ihn zugeschnitten erscheint. Es kann auch sein, daß seine persönlichen Neigungen – und seine Rangfolge an Prioritäten – den Berufserwartungen gar nicht entsprechen. Dann mag er vielleicht dagegen rebellieren oder sich resignierend in die Rolle hineinfinden. Er wird jedoch besser zu einer Lösung kommen, wenn er sowohl die Rollenerwartungen seines Berufes als auch die eigenen Tendenzen kennt und nun bewußt seinen persönlichen Weg sucht. Diese Überlegungen können uns auch helfen, wenn wir mit dem Vertreter eines anderen Berufes zu tun haben und uns vielleicht über ihn ärgern. Wir werden dann weniger geneigt sein, ihm Dinge persönlich übel zu nehmen, zu denen er durch seine Berufsrolle gedrängt, manchmal sogar gezwungen ist.

Die systematische Forderung der «Kontrolle» findet sich immer wieder. Es scheint, daß in unserer Kultur ein erhebliches Maß an Kontrolle Voraussetzung für die meisten Berufe ist. Von den festen Arbeitszeiten über die Einhaltung von Terminen, die Berücksichtigung von Gesetzen und Vorschriften bis hin zu den Verkehrsregeln und den exakten geometrischen Maßen der Gebäude – überall ist die Spontaneität durch Kontrolle eingeengt. Auf dieser Grundlage finden sich aber deutliche Unterschiede zwischen Berufsgruppen. So ist der Arbeitsbereich des Juristen durch ein besonderes Maß an Kontrolle gekennzeichnet: Er wird bestimmt durch Gesetze, Kommentare und höchstrichterliche Urteile. Nur wenn der Jurist diese Materie kennt und beherrscht, kann er seine zweite wichtige Tendenz zur Entfaltung bringen: die «Überlegenheit».

«Kontrolle» ist ein beherrschendes Element bei der Tätigkeit des Arbeiters, so unterschiedlich sie aussehen mag. Feste Arbeitszeiten, Arbeitsnormen, der

Zwang des Fließbandes: Wenn er innerlich auf dieses feste Schema eingestellt ist, wird er am besten damit zurechtkommen; wenn er sich innerlich ständig aufbäumt, etwa aus seinem Freiheitsstreben heraus (Überlegenheit), wird er sich aufreiben oder versagen. Von Facharbeitern, wie Drehern oder Werkzeugmachern, wird eine Präzision erwartet, die ein hohes Maß von Kontrolle voraussetzt – hier eine Kontrolle, die sich auf die eigene Tätigkeit und auf Dinge bezieht.

Bei Geschäftsleuten und Vertretern finden wir oft ein ein hohes Maß an Überlegenheitsstreben. Hier wird der Bereich nicht durch eine Organisation festgelegt, sondern er muß erobert und immer wieder neu erobert werden. Werben, gewinnen, selbständige Aktivität sind erforderlich. Der Geschäftsmann muß im Konkurrenzkampf bestehen. Ein Vertreter, der sich durch die ständig neuen Aufgaben nicht zur Aktivität herausgefordert fühlt, hat es schwer. Überlastung und Rücksichtslosigkeit sind Nachteile, die man beobachten kann.

Menschen mit der Priorität «Gefallen» entwickeln oft besondere Fähigkeiten, sich auf die Wünsche anderer einzustellen, mehr als das, ihnen die Wünsche von den Augen abzulesen. Sie zeigen oft ein besonderes Einfühlungsvermögen. Dem entsprechen besondere berufliche Möglichkeiten. Ein Verkäufer mit dieser Priorität kann es fertigbringen, die Wünsche und die Lebensart eines Kunden zu erfassen und das Passende zu bringen, noch lange bevor der Kunde seine Wünsche genügend formulieren konnte. Man verläßt ein solches Geschäft dankbar und mit einer anhaltenden Zufriedenheit.

Hier wie in zahlreichen anderen Berufen ist die Priorität «Gefallen» von unschätzbarem Wert –

etwa das Einfühlungsvermögen in pädagogischen Berufen, in Heilberufen bis zum Psychotherapeuten. Wie findet man nun den Beruf, der einem entspricht? Wer sich einen Beruf wählt, kennt ihn oft leider viel zu wenig – kennt vor allem selten den beruflichen Alltag. Am besten bekannt ist noch der Beruf des Vaters – manchmal aber nicht einmal das. Manchmal werden alle Berufe abgelehnt, die der Heranwachsende genauer kennt, und dafür einer gewählt, mit dem er noch Illusionen verbinden kann. Die Jugendarbeitslosigkeit bringt ein neues und härteres Problem: entweder gar keinen Beruf zu finden, in dem man durch seine Arbeit Nützliches leisten kann, oder aus der Not einen Beruf zu wählen, den man innerlich gleich ablehnt, der vielleicht der eigenen Wesensart gar nicht entspricht. Nun sollte man keinesfalls den Schluß ziehen, bei der Berufswahl müsse die persönliche Rangfolge der Prioritäten ganz der Tendenz des Berufes entsprechen. Differenzen auch auf diesem Gebiet können quälend sein, aber auch fruchtbar – wenn man sie überschaut und bewältigt. Dann kann man Elemente in einen Beruf hineintragen, die dort vom System her selten zu finden sind, aber zur Bereicherung beitragen.

Auch auf wirtschaftliche und politische Systeme läßt sich der Gesichtspunkt der Prioritäten anwenden. Es ist kein Wunder: Sie sind von Menschen und für Menschen gemacht. Hier nur ein Beispiel, eine Überlegung, die zur Anregung dienen soll: Das wirtschaftliche System des freien Wettbewerbs fördert offensichtlich die Tendenz «Überlegenheit», selbständige Aktivität, Konkurrenzkampf, das Denken in Sieg oder Niederlage, Überlastung. Wer sich wirtschaftlich durchsetzt, findet Anerkennung; wer versagt, sinkt ins Elend. Darauf wird ein System der sozialen Sicherung nun aufgepfropft – mühsam besonders in jenen Ländern, in denen der Staat als kontrollierendes, übergeordnetes Organ keine Tradition hat. Trotz der Verpflichtung des sozialen Systems ist die Funktion des Staates als Ordnungs- und Kontrollorgan immer noch stark eingeschränkt – was mancherlei Widersprüche ergibt. Im Gegensatz dazu jene Länder, in denen Staat und Partei das Leben beherrschen. Hier fällt uns die Tendenz zur Kontrolle ins Auge. Diese Kontrolle engt den Spielraum ein, bringt aber Sicherheit, z. B. Schutz vor Arbeitslosigkeit. Sie umfaßt freilich auch Sanktionen gegen Abweichungen (z. B. gegen Menschen, die nicht arbeiten wollen – «Hooliganismus» und «Oblomowerei») und scharfe Maßnahmen gegen jeden, der als Bedrohung des Systems empfunden wird.

Beispiele

Ein 20jähriges Mädchen war auf einer Party, die sie als sehr problematisch empfand. Sie erzählt: Es war gar keine richtige Gemeinschaft, keine Harmonie. Mehrere Gruppen – jeder sprach mit denen, die er am besten kannte. Sie hatte das Gefühl, sie hätte auf andere zugehen und die Verbindung herstellen müssen. Bei Leuten, die sie nicht so gut kennt, scheut sie sich, viel zu sagen. Sobald die Fremden weg sind, geht sie mehr aus sich heraus. Jedoch fühlt sie sich sehr unwohl, wenn sie so zurückhaltend ist. Sie meint, das paßt auf einer Party nicht, man erwartet mehr Anteilnahme von ihr. Wenig aus sich herausgehen, wenn Fremde dasind: Das paßt zur Linie der «Kontrolle». Jedoch stört sich jemand mit der Prio-

rität «Kontrolle» gewöhnlich wenig an seiner eigenen Zurückhaltung. Hier liegen die Dinge wohl anders: Die Tendenz «Gefallen» herrscht vor, zugleich traut sich die 20jährige wenig zu. Wenn sie munter redet, obwohl sie den Geschmack ihrer Gesprächspartner nicht gut kennt, fürchtet sie, danebenzutreffen und abgelehnt zu werden. Wenn sie sich zurückhält, hat sie das Gefühl, das paßt nicht und sie gehört nicht recht dazu. Wenn man diese beiden Voraussetzungen hinnimmt – den Grad ihrer Entmutigung und die Vorstellung, sie dürfte auf keinen Fall Anstoß erregen – wird das Dilemma verständlich.
Ein 40jähriger Beamter im technischen Dienst berichtet: Er leidet unter Beengungsgefühl, Depressionen, wenn er dienstlich unterwegs ist. Auf fremden Dienststellen fühlt er sich unsicher. «Es ist alles so luftleer um mich herum, so kontaktlos.» Im vertrauten Kreis seiner Dienststelle dagegen fühlt er sich wohl und ist sicher, daß er seine Arbeit dort vorzüglich macht. Welche Priorität können wir nach dieser Schilderung vermuten, ohne mehr von dem Betroffenen zu wissen? Es ist die Linie der Sicherung, der Kontrolle. Im Beruf, im technischen Dienst, im engeren Kreis der Arbeitskollegen gibt es keine Schwierigkeiten. Außerhalb, «im unbekannten Gebiet» tritt Angst auf – die Emotion, die in besonderer Weise das Sicherungsstreben alarmiert. Das Problem der Distanz wird hier bemerkenswerterweise stark empfunden und geschildert: Es ist um ihn herum «luftleer – kontaktlos». Das bringt auf den Gedanken, daß hier das Bedürfnis nach Kontakt, nach Wohlwollen der Umgebung ebenfalls eine besondere Rolle spielt (Priorität Gefallen). Wir können solche Gedanken anstellen auch bei bescheidenen Hinweisen, ob unsere gezielten Fragen sie bestätigen

oder verwerfen lassen – wir kommen immer ein Stück weiter.
Eine 25jährige Frau leidet seit drei Jahren unter starken Angstgefühlen, die sie dramatisch schildern kann. Es ist ihr, als ob sie sterben müßte, als ob ihr der Atem wegbliebe. Seit einer der wiederholten Krankenhausbehandlungen ist etwas ganz Schlimmes dazugekommen: Sie sieht sich selbst immer wieder im Sarg. Die hübsche Frau war bis vor drei Jahren munter, lebenslustig, ging gerne aus und tanzte gerne. Seit drei Jahren lebt sie mit dem Mann in demselben Haus wie die Schwiegereltern; Mann und Schwiegermutter sind sehr fleißig, erfolgreich, arbeitsam. Der Mann hat in seiner Stellung sehr wenig Zeit für die Frau, ist oft noch abends und am Wochenende geschäftlich beansprucht.
Welche Priorität steht im Vordergrund? Hier wird Angst und Todesgedanke offenbar mit der Tendenz der «Überlegenheit» gebraucht. Die junge Frau war und ist besonders hübsch, sie tanzte gern, war der Mittelpunkt ihres gesellschaftlichen Kreises. Jetzt hat sie sich einzuordnen, im Hause des Mannes und der Schwiegereltern gelten Pflichtbewußtsein, Arbeitseifer und geschäftlicher Erfolg am meisten – da steht sie untenan. Mit ihren Symptomen übt sie natürlich Druck auf den Mann aus. Zugleich hat die Symptomatik einen Zug zum Aufregenden, Sensationellen. Das schaurig-faszinierende Thema der Todesgedanken klingt bei ihr schon in den frühkindlichen Erinnerungen an. Jede Therapie bei dieser Frau, ob Einzel- oder Ehebehandlung, setzt voraus, daß man ihr und ihrer Tendenz, Beachtung zu finden, positiv gegenübersteht und die positiven Möglichkeiten dieser Linie erkennt und bejaht.
Eine 40jährige Frau, seit Jahren Witwe, hat einen

schweren Autounfall gehabt, an dem sie selbst schuld ist. Ihr Freund, der als Beifahrer neben ihr saß, ist dabei umgekommen; sie selbst war schwer verletzt. Inzwischen ist sie wieder hergestellt, aber ganz verändert: bleibt zu Hause und meidet die Gesellschaft, schafft den Haushalt kaum, grübelt, leidet unter allerhand körperlichen Beschwerden. Sie war die älteste von vier Kindern und in der Beziehung zu ihrem Mann und ihrem Freund offenbar jeweils die Führende. Sie wirkt jetzt bedrückt und labil, jedoch von Hause aus energisch, differenziert.
Man kann hier von einer «reaktiven Depression» sprechen, die seit Monaten andauert – allerdings auf die Medikamente kaum anspricht. Fragen wir uns nach dem Zweck der Symptomatik – so kommen wir zur Linie der Priorität «Überlegenheit». Der Verlust ihres Freundes hat die Frau schwer getroffen und eingeengt. Darüber hinaus hat sie wohl nicht zu unrecht die Vermutung, daß man ihr – recht begründet – bei Bekannten und Nachbarn die Schuld zuschiebt und sie verurteilt. Mit ihrer Zurückgezogenheit, ihrer Trauer, ihren körperlichen Beschwerden überholt sie gewissermaßen diese Verurteilung. Nun wird man sie bedauern und aufzurichten suchen. Das liegt auf der Linie der moralischen Überlegenheit. Diese Erklärung kann der Frau weiterhelfen, wenn sie fern von Ablehnung und Verurteilung nahegebracht wird.

IV Prioritäten und Psychiatrie

Typen und Einteilung

Die einfachste und älteste Einteilung ist wohl die in zwei Gruppen: auf der einen Seite wir – auf der anderen die anderen; auf der einen Seite die eigene Gruppe – auf der anderen die Feinde; auf der einen Seite die Guten – auf der anderen Seite die Bösen. Griechen gegen Barbaren, d. h. alle übrigen Völker; Römer gegen Barbaren. Typeneinteilungen haben durchgehend etwas Distanzierendes. Ausgenommen wird nach alter Art eine Gruppe – die eigene, zu der man selber gehört, die man aus der Nähe sieht und positiv beurteilt. Es tritt bei diesen Einteilungen von Menschen etwas Seltsames auf: Je weiter man entfernt ist, um so besser kann man einteilen, um so leichter fällt es, die Menschen in verschiedene Gruppen usw. einzustufen. Wenn beispielsweise ein europäischer Forscher die japanischen Verhältnisse untersucht – oder auch umgekehrt – so kann er leichter den distanzierenden «wissenschaftlichen» Blick bewahren, als wenn er sich dem eigenen Volk zuwendet. Je näher man ist, um so schwerer fällt es. Wenn man jedoch selber betroffen ist und ein Urteil abgeben soll, so heißt es nicht selten: «Das ist schwer zu sagen, hier verbindet sich so manches» – kurzum, man schließt sich selber gerne von diesem Schubladensystem aus.

Das ist leicht verständlich daraus, daß die Einteilung in Typen usw. selbst etwas Distanzierendes hat. Man sucht die Menschen durch ein umgekehrtes Fernglas oder durch ein Vergrößerungsglas zu betrachten – beides gibt ja, vom Persönlichen her gesehen, Distanz. Man muß sich das nur vorstellen: daß man selber, statt einer persönlichen Begegnung, in ein Schema oder in eine Klassifizierung gebracht wird – sei es nach Rasse, nach psychiatrischer Diagnose oder was auch immer. Ich sehe mich dann plötzlich eingestuft als «typischer Deutscher», «als Weißer» in farbiger Umgebung oder als «interessanter Fall von . . .». Das Ordnungsbedürfnis des Einteilenden wird befriedigt, er schafft sich Distanz und entlastet sich von seiner persönlichen Beteiligung. Was ist aber mit dem Eingeteilten?

In unserer Einteilung nach vier Prioritäten steckt sicher auch etwas von dem beruhigenden Ordnungsprinzip. Abstand und Gelassenheit mag auf diese Weise erzielt werden, und das ist nicht immer das Schlechteste. In einer entscheidenden Hinsicht ist aber die Einteilung nach Prioritäten ganz anders als die «Typen», die auf Eigenarten abstellen: Genauere Beschäftigung mit den vier Prioritäten mindert die menschliche Distanz und ermöglicht es, mit dem anderen mitzufühlen, auch wenn er eine andere Priorität hat als man selber. Denn jeder Mensch kennt alle vier Wünsche, und je besser er sie kennt und entwickelt, um so deutlicher wird ihm das. Bemerkt er bei dem anderen eine Tendenz, die er selber ebenfalls hat – nur in anderer und vielleicht auch stärkerer Entwicklung –, so fällt es ihm leichter, «mit den Augen des anderen zu sehen».

Prioritäten und Psychiatrie

Jeder Mensch ist einmalig in seiner Persönlichkeit und in seinem Lebensstil. Dennoch haben wir immer wieder das Bedürfnis, die Menschen zu gruppieren, einzuteilen. Dem liegt einmal ein Ordnungsbedürfnis zugrunde. Zum anderen machen wir die persönliche Erfahrung: Gewisse Menschen wirken ähnlich auf uns, wir reagieren ähnlich auf sie. Durch unsere Erlebnis- und Reaktionsweise merken wir schon, daß wir da gewisse Gruppierungen treffen; und durchaus zu Recht überlegen wir uns, wie diese Gruppierungen zusammenhängen. Solche Einteilungen, «Typologien», gibt es nun verschiedene, und wir haben sie verschieden zu bewerten. Zunächst sei die rein beschreibende Einteilung genannt. Sie entspricht am ehesten der ursprünglichen Bedeutung des Wortes typos = Prägung. Ein gutes Beispiel gibt die Einteilung der «abnormen Persönlichkeiten» von Kurt Schneider («abnorme» Persönlichkeiten in dem Sinne, daß sie durch ihre Persönlichkeit unter der Gesellschaft leiden oder umgekehrt, im Sinne einer intensitativen Abweichung). Es ist eine klinische Gruppierung. Der Nachdruck liegt auf der Beschreibung: «Man schildere möglichst lebendig und anschaulich und ohne ‹Fachausdrücke›, was für ein Mensch das ist, um den es sich handelt, gegebenenfalls auch, in welchen Konflikten er steht.»* Gegen eine solche rein

* Zitat aus «Die psychopathischen Persönlichkeiten» von Kurt Schneider, Wien 1950.

beschreibende Kennzeichnung und Gruppierung läßt sich nichts einwenden. Freilich liegt darin eine gewisse Distanzierung von den lebendigen Menschen, und sie wird meist so angewandt, daß der Eindruck des Statischen, des Unverbesserlichen, oft noch des Erblichen mitschwingt. Damit sind wir freilich meilenweit entfernt von einer inneren Anteilnahme, einem lebendigen Verständnis, einer partnerschaftlichen Beziehung – und damit auch von jedem therapeutischen Ansatz.

Dann gibt es Gruppierungen, die auf eine biologische Auffassung zurückgehen. Es kann hier nicht der strittigen Frage nachgegangen werden, wieweit diese Zuordnungen im Sinne einer statistischen Wahrscheinlichkeit als gesichert gelten können. Keinesfalls können sie gelten im Sinne einer eindeutigen biologischen Festlegung – gerade dieses Mißverständnis liegt für den Alltagsgebrauch sehr nahe.

Schließlich gibt es psychodynamische Klassifizierungen, d. h. sie gehen von einer Seele aus, die sich entwickelt hat und noch entwickelt – oder es noch kann. Freilich: Je abstrakter und komplizierter solche Klassifizierungen sind, um so mehr beschränken sie sich selbst als Werkzeug in der Hand eines überlegenen Fachmanns. Leicht können sie die lebendige Begegnung dann eher hindern als begünstigen. Spätestens hier haben wir uns zu fragen: Wozu soll eine solche Einteilung dienen? Gewiß einmal dem Ordnungsbedürfnis, zum andern – oft – einer Distanzierung, einem Rückzug aus der unmittelbaren Begegnung, damit einer Entlastung. Die Einteilung nach Prioritäten läßt dem Ordnungsbedürfnis sein Recht; sie zielt aber nicht auf Distanzierung, sondern umgekehrt auf ein Verständnis von innen heraus. Sie bemüht sich, die Bewegungsrichtung, das Ziel des

Handelns zu erfassen. Die Gruppierung nach Prioritäten, die Aufstellung einer persönlichen Rangfolge der vier Prioritäten steht nicht im Gegensatz zur Einmaligkeit der Persönlichkeit. Trotz dieser Einmaligkeit können wir ja immer wieder gemeinsame Züge feststellen und erleben – oberflächlichere oder tiefere. Das ist uns aus jeder Gruppentherapie oder Selbsterfahrungsgruppe geläufig, ob man diesen Gemeinsamkeiten nun eine spezielle Benennung gibt oder nicht. Wir gehen davon aus, daß jeder – auch Psychiater oder Psychotherapeut – alle vier Tendenzen in sich selbst entdecken kann, die den Prioritäten entsprechen. Die fachmännische Suche nach pathologischen Symptomen oder Strukturen hat in anderen Bereichen der Psychiatrie ihren Sinn; in der Psychotherapie befriedigt sie zwar den Fachmann, wirkt sich aber auf den therapeutischen Prozeß sehr zweifelhaft aus.

Als Beispiel dieses psychodynamischen Verständnisses von innen heraus, aus der Zielrichtung, der privaten Logik und dem sozialen Zusammenhang, sei hier auf einzelne Gruppen der «abnormen Persönlichkeiten» eingegangen. Ich wähle hier die Bezeichnungen Kurt Schneiders. Betrachten wir den «geltungsbedürftigen Psychopathen».

Ein Geltungsstreben können wir bei jedem Menschen voraussetzen, doch ist es vermutlich bei den «geltungsbedürftigen Psychopathen» besonders stark. Ist es nun wirklich stärker als bei der ganzen Gruppe der «Gesunden»? Das scheint höchst zweifelhaft. Messen läßt sich das freilich nicht. Wir sind jedoch der Meinung, daß viele erfolgreiche Menschen – etwa manche Politiker, Schauspieler, Wissenschaftler – ein weit stärkeres Geltungsbedürfnis haben als manche, die unter der genannten Bezeichnung «behandelt» werden. Worin liegt nun der Unterschied? Dem «Gesunden» ist es gelungen, seine Tendenz so auszuleben, daß er sozial nicht anstößt. Wo es entscheidend wichtig ist, weiß er zu faszinieren, sein Theaterdonner ist wohlberechnet, seinen unangenehmen Neigungen läßt er da die Zügel schießen, wo er es sich leisten kann: z. B. im Büro und in der Familie. Seine Neigung zur Übertreibung weiß er so weit anzupassen, daß er damit meist Erfolg und nur wenig Prozesse hat. Der «geltungsbedürftige Psychopath» poltert und prahlt vielleicht ein paarmal an der falschen Stelle, und schon gibt es soziale Schwierigkeiten. Oft wird er freilich auch weniger erfindungsreich, weniger kreativ sein als seine erfolgreichen Kollegen. Hat er aber erst einmal soziale Schwierigkeiten, so engt sich meist rasch sein Betätigungsfeld ein – am stärksten gewöhnlich, wenn er wegen häufiger und zunehmender Schwierigkeiten in stationärer «Behandlung» landet. In einem Circulus vitiosus entwickelt er nun um so mehr die Möglichkeiten, die von der Umgebung als negativ empfunden werden (Störverhalten, Hochstapeleien) – und erleidet um so mehr Einengung und Erniedrigung. Er wird in eine Situation gestoßen, die ihm seine Bedeutungslosigkeit täglich vor Augen führt. Leicht kommt es dahin, daß ihm eine für die Gemeinschaft positive Entfaltung schon gar nicht mehr gestattet ist. Aus diesem Verständnis heraus haben wir einen therapeutischen Ansatz: zunächst den, diesen Menschen mit seinem Bedürfnis nach Bedeutung so ernst zu nehmen wie andere auch; dann, ihm eine Entfaltung in der Richtung seines Überlegenheits- und Bedeutungsstrebens zu gestatten. Mit einem entsprechenden Entfaltungsspielraum mit positiven Sonderaufgaben ist die Situation schon erheblich entlastet. Freilich ist sie nicht problemlos, und nun kommt dazu die Aufgabe, die sich bei jeder schwierigen Persönlichkeit stellt: Seinen Manipulationen nicht nachzugeben, ihn aber trotzdem zu akzeptieren und zu respektieren. Die «asthenischen Psychopathen» haben oft eine enge Beziehung zu den Geltungsbedürftigen, meist klagen sie gern. Auch sie streben nach Geltung, wollen im Mittelpunkt stehen; sie benutzen aber die Methode des Klagens und Leidens. Man kann auch, bei fantasiebegabten Menschen, einen Wechsel zwischen beiden Methoden beobachten. Die «willenlosen Psychopathen» sind oft zu verstehen aus ihrem Bedürfnis, den Menschen ihrer jeweiligen Umgebung zu gefallen, Konflikte zu vermeiden. Sie haben oft ein besonders geringes Maß an Selbstvertrauen und auch an positivem sozialem Training, an Ausdauer. Ihre private Logik geht in die Richtung: «Ich bin ja doch nichts wert und mich mag keiner, deshalb muß ich alles tun, damit die Leute hier mich nicht verstoßen, sondern nett finden.» Wir sehen hier wohl mühelos die Beziehung zur Priorität «Gefallen».

Die Beziehung der «selbstunsicheren Psychopathen» zu den zwanghaften Störungen ist bekannt. Zwangssymptome können zu verschiedenen Zielen eingesetzt werden, besonders aber zur Sicherung, auch zur Einschränkung des Lebensbereiches, die ebenfalls der Sicherung dient. Die nähere Kenntnis der Priorität «Kontrolle» kann hier das Verständnis erweitern.

Psychosen und Prioritäten

Vorweg sei gesagt: Hier geht es nicht um kausale Erklärung der Psychosen. Dazu gibt es verschiedene Auffassungen. Die Forschung konvergiert in der

Richtung, daß bei den «endogenen» Psychosen Faktoren der Anlage und der Umwelt zusammenwirken. Es geht hier um einen Zugang zum Verständnis. Eine alte psychiatrische Auffassung geht dahin, alles Psychotische sei unverständlich, «uneinfühlbar». Darin liegt eine wissenschaftliche Umschreibung des verbreiteten Vorurteils: Der Psychotische ist «verrückt» – damit völlig unverständlich, unberechenbar, der mitmenschlichen Gemeinschaft entzogen. Dieses Vorurteil ist oft widerlegt, aber noch nicht überwunden. Umgekehrt: Je weiter wir unser Verständnis entwickeln können, um so besser ist die therapeutische Beziehung.

Die beiden Pole der Zyklothymie – Depression und Manie – illustrieren die Pole der Priorität «Überlegenheit». Der Depressive ist ganz unten, er ist «am Ende». Die Stimmung ist tief bedrückt, der Antrieb gehemmt. Es beherrscht ihn das Gefühl der Trostlosigkeit, der Sinnlosigkeit, der Leere. Die Zukunft scheint ihm versperrt. Selbstvorwürfe, Skrupel und Ängste können dazutreten. Allgemein läßt sich sagen: Der Depressive ist an dem Punkt, dem der Mensch mit Priorität «Überlegenheit» lebenslang zu entfliehen sucht. Auch Angst und ängstliche Unruhe können auftreten, das Gefühl der Gefährdung. Wahrscheinlich sieht jeder die Befürchtungen bestätigt, die seiner Priorität entsprechen, aber die Beziehungen zur «Überlegenheit» sind besonders deutlich – mit ihrem Tiefpunkt: Sinnlosigkeit, Bedeutungslosigkeit. Umgekehrt der Maniker: Er ist in Hochstimmung, fühlt in sich ungeahnte Möglichkeiten in jeder Hinsicht, die ihm wichtig erscheinen. Er empfindet sich als enorm leistungsfähig, als weitblickend, einfallsreich, witzig. Er meint, alles fliegt ihm zu. Für den Außenstehenden ist der Antrieb gesteigert, Kritik und Urteilsfähigkeit sind herabgesetzt. Der Maniker fühlt sich an dem Punkt, den der Mensch mit der Priorität «Überlegenheit» erreichen möchte, er strebt nicht mehr dorthin, er meint dort zu sein. Wie er seinen Wunschtraum verwirklicht sieht, das ist wieder jeweils individuell verschieden. Daß Maniker so oft gereizt sind, hängt wohl hauptsächlich damit zusammen, daß die «böse Umwelt» ihnen gerade jetzt, wo sie sich besonders unternehmungslustig und leistungsfähig fühlen, alle Möglichkeiten beschneidet und sie gar ins Krankenhaus schleppt. Auf eine psychiatrische Station bringen die Maniker Unruhe, aber auch Aktivität, sie sprechen oft aus, was auch die anderen beschäftigt. Sie können lästig sein, aber sie bringen Leben und Anregung. Das läßt uns wieder an die Funktion der dynamischen Priorität «Überlegenheit» denken.

In der geheimnisvollen und vielseitigen Krankheitsgruppe der Schizophrenie können wir alle möglichen Bilder gewissermaßen stilisiert oder zur Karikatur verzerrt finden – auch die Prioritäten. So zum Beispiel ein kindlich-hilfloses Gehabe oder eine stolze, selbstherrliche Pose. Eine besondere Beziehung haben die Schizophrenen oft zur Priorität «Kontrolle». Das Unzugängliche, die unüberwindbare Distanz fällt auf und wurde geradezu zum besonderen Krankheitszeichen erklärt. Von der verschlossenen Miene, der steifen Gestik läßt sich oft wirklich nicht ablesen, was der Betreffende denkt.

Wenn er dazu noch nichts sagt, kann er dem Außenstehenden gänzlich erstarrt oder «verblödet» erscheinen. Aus der Erfahrung wissen wir aber, daß er trotzdem alles wahrnimmt und oft ein reiches, empfindliches Innenleben besitzt, über das er manchmal später zu sprechen bereit ist.

Die Parallele zur Priorität «Kontrolle» geht noch weiter. So spielt bei vielen paranoiden Psychotikern ein Thema eine besondere Rolle: bedroht, beeinflußt zu sein, von allen möglichen Richtungen aus und mit allen möglichen oder unmöglichen Methoden. Und von ganz besonderer Bedeutung, auch in therapeutischer Hinsicht, ist das Distanzproblem. Überläßt man einen chronisch Schizophrenen sich selbst, so bekommt ihm das nicht gut: Er sondert sich ab, nimmt vielleicht merkwürdige Gewohnheiten an, führt Selbstgespräche, er droht zu vereinsamen und zu erstarren. Kümmert man sich intensiv um ihn, rückt man ihm zu nahe auf den Leib, so fühlt er sich bedroht. Nicht selten bringt das eine akute Zunahme der psychotischen Symptomatik. Ein vorsichtiger, einfühlsamer Umgang ist notwendig, der dem Sicherheits- und Distanzbedürfnis Rechnung trägt.

Die Unterscheidung zwischen «endogenen» und neurotischen Depressionen ist manchmal schwierig. Beiläufig eine Überlegung zur neurotischen Depression.

Oft finden wir sie mit der Priorität «Überlegenheit» verknüpft, wie an anderer Stelle ausgeführt. Es scheint auch Menschen zu geben, die aus der Priorität «Bequemlichkeit» eine hypochondrisch-depressive Symptomatik entwickeln, d. h. bedrückt, klagend, gehemmt werden – mit mancherlei Beschwerden auch körperlicher Art. Das kann sich folgendermaßen entwickeln: Der Betreffende fühlt sich vielleicht schon seit langem überfordert und der Beanspruchung nicht recht gewachsen. Dann erkrankt er körperlich in irgendeiner Form. Nun erlebt er zweierlei: Einmal stellt er erschreckt fest, daß er nun wirklich nicht mehr kann. Zum anderen erlebt er: Jetzt, wo er krank ist, nimmt ihm plötzlich keiner mehr seine Unzulänglichkeit übel, im Gegenteil, er wird im Krankenhaus umsorgt und gepflegt – man legt Wert darauf, daß er sich schont. Langgehegte Wünsche werden erfüllt. Auch schlichte Gemüter erfassen dann: Kranksein bedeutet Schonung, Nachsicht, Versorgung und Pflege. Manch einer nimmt die notwendigen Einschränkungen in Kauf und entwickelt von da ab eine «hypochondrische Depression», mit einem sehr bescheidenen Leidensdruck und ohne rechten Konflikt. Wer heilen will, erscheint dann hauptsächlich als bedrohlich. Ein therapeutischer Ansatz ist dabei kaum gegeben.

V Gab es schon früher Prioritäten?

Die Prioritäten in der Literatur, von Homer bis Kafka

Was wir von Prioritäten wissen, stammt aus Beobachtungen aus unserer Zeit und aus unserem Kulturkreis. Es stellt sich die Frage: Hat dieser Zugang eine allgemeinere Bedeutung? Am besten kann jeder Leser diese Frage selbst beantworten, wenn er unter diesem Gesichtspunkt seine persönlichen Erfahrungen, seinen Alltag betrachtet – und auch die Literatur, die er kennt und schätzt. Hierzu einige Anregungen und Beispiele.

Nach Hinweisen auf die Bedeutung des Überlegenheitsstrebens brauchen wir in unserem europäischen Bereich nicht lange zu suchen. Die alten Sagen sind voll von Kampf und Streit, ob wir die der griechischen Götterwelt nehmen oder Homers «Ilias», oder die alten germanischen Sagen. Kampf und Liebe sind die häufigsten Themen der alten Sagen wie der heutigen Trivialliteratur. Homers «Odysseus» kämpft sich zehn Jahre lang mit List und Gewalt durch alle

Gefahren hindurch – von manchen Göttern begünstigt, von anderen bedroht –, bis er die Heimat erreicht und seine Frau wiedergewinnt, nachdem er zum krönenden Abschluß alle Freier erschlagen hat, die sie bedrängten. Das Streben nach Überlegenheit, Kampf und Herrschaft sind kennzeichnend für die Herren oder, wie man es in der Sage oder in der Literatur ausdrücken kann, die «Helden». Mit der allgemeinen Befreiung und Emanzipation ist diese «Herrenmoral» von den breiten Massen weitgehend übernommen worden. Das Streben nach Überlegenheit ist besonders verbreitet, Probleme und Konflikte aus diesem Streben, aus diesem Spannungsbogen sind besonders häufig. Ein Beispiel, wie für das eigene Überlegenheitsstreben geradezu Allgemeingültigkeit gefordert wird, bieten die Worte Goethes: «Nur der verdient die Freiheit wie das Leben, der täglich sie erobern muß» oder «Denn ich bin ein Mensch gewesen, und das heißt ein Kämpfer sein». Früher dürften die Anpassung an das Mögliche und vor allem das schlichte Überleben das einfache Volk mehr beschäftigt haben. Heute liegt das Streben nach Überlegenheit geradezu im «Zug der Zeit», es wird von Reklame und Politik erfolgreich gefördert und vorausgesetzt: das Streben nach dem Besonderen, der Fortschritt, Status, Prestige. Das verraten Worte wie: «Stillstand ist Rückschritt». Wer nicht mit vorwärtsstrebt, sinkt auf eine verächtliche soziale Stufe. Das gilt nahezu allgemein, trotz aller sozialer Kaschierung. Um diese Verbreitung voll zu erfassen, muß man freilich die vielen möglichen Spielarten des Überlegenheitsstrebens kennen. Das Streben nach Geld, Macht und Einfluß, nach Besitz und «Statussymbolen» (z. B. großes Auto) fällt besonders ins Auge. Das Ansehen kann

aber auch für andere Bereiche gelten: Hier kommt die moralische Überlegenheit ins Spiel. Sie ist heute meist mit dem Begriff «sozial» verbunden, und der Wettlauf geht darum, wer am meisten soziales Denken vorweisen oder nachweisen kann.
Mit dieser kritischen Übersicht soll das Überlegenheitsstreben nicht angeprangert, freilich aber bloßgestellt werden: Es befreit, wenn man den Wettlauf durchschaut und sich dann entscheiden kann, ob man ihn mitmachen will oder nicht. Und unberechtigt ist es jedenfalls, eine Tendenz wie das Überlegenheitsstreben für allgemeinverbindlich zu erklären – es etwa nun von allen zu fordern oder sich selbst aufdrängen oder aufzwingen zu lassen. Zu dieser Linie gehört das Kämpfen mit der Freude am Erfolg – ob man nun selbst kämpft oder sich identifiziert mit dem Helden eines Kriminalromans, der sich mit Scharfsinn oder als unermüdlicher Boxer, toller Autofahrer und Pistolenschütze durchsetzt. Genauso gehört dazu, gewissermaßen auf der Schattenseite, die nagende Unzufriedenheit darüber, daß andere Leute besser daran sind: daß man sie als reicher, tüchtiger, schöner, glücklicher oder zufriedener betrachtet. Hieraus erwächst dann das verbreitete Vergnügen an Klatsch und Skandalgeschichten, am Herunterreißen einer Größe, die Schadenfreude – mit der fragwürdigen Befriedigung: Der ist auch nicht besser als wir. Das Streben nach Überlegenheit leitet den Revolutionär wie den Tyrannen, und nicht selten wird ja der Revolutionär später zum Tyrannen. Menschen mit dieser Tendenz lenkten die anderen zur Freiheit, zum Fortschritt in Technik und Wissenschaft, andere mit der gleichen Tendenz lenkten sie in die düsteren Verirrungen der Geschichte. Die Tendenz ist weder gut noch schlecht. Wenn wir sie aber

kennen, fällt es uns leichter, die guten und glücklichen Möglichkeiten zu finden und zu nutzen.
Ein merkwürdiges Phänomen: Es kann jemand seine eigene Bedeutung und Überlegenheit darin suchen, daß er einen Helden verehrt, einem großen Herren oder einer besonderen Sache dient. Man sagt mit einem etwas vieldeutigen Ausdruck, er «identifiziert sich» mit diesem Helden oder dieser Sache. Treffender ist vielleicht, daß er sich zu diesem Mann, zu dieser Gruppe zugehörig fühlt und mit deren Bedeutung mit erhoben wird. Denn es ist wichtig, daß die anderen diese Bedeutung seines Helden auch anerkennen oder zumindest, daß er selbst von dieser Bedeutung zutiefst überzeugt ist. Es kann dann selbst eine schlimme Tyrannei und Unterdrückung freudig ertragen werden in dem Gefühl, daß der eigene Herr oder die eigene Gruppe allen anderen weit überlegen sind. Ein skurriles Beispiel dieser Art schildert Anton Tschechow in seiner Geschichte «Die Hauptmannsuniform». Da schwärmt ein kleiner Schneider in der Provinz davon, für welch große Herren er früher in Petersburg gearbeitet hat. Bitter empfindet er, daß er jetzt nur noch für «Gesindel» Kleider machen soll – selbst wenn diese Leute besser zahlen als die großen Herren. Sein Selbstgefühl steigt erst wieder, als ein richtiger Hauptmann bei ihm eine Uniform machen läßt. Allerdings zahlt der Hauptmann nicht. Aber das stört unseren Schneider wenig. Die Uniform hat er längst abgeliefert, bei seinen Geldforderungen wird er mit Schimpfen abgewiesen, schließlich bezieht er sogar Schläge – aber voll Selbstgefühl äußert er: Ja, so sind die feinen Herrschaften, daran erkennt man den richtigen Herrn.
Eine Priorität wie die «Überlegenheit» kann das

ganze Leben vorherrschen, aber die Art, wie sie verwirklicht wird, kann sich gründlich wandeln. Das kann in kurzer Zeit geschehen: Der größte Störenfried einer Gemeinschaft kann, wenn er ermutigt und mit einer wichtigen Aufgabe betraut wird, von einer Stunde zur anderen seine Energie und seinen Einfallsreichtum für die Gemeinschaft einsetzen statt gegen sie. Um so mehr sehen wir einen Wandel über größere Zeitperioden. Gewissermaßen klassisch ist der Wechsel von den Wanderjahren des Gesellen zur Seßhaftigkeit des Meisters, der seine eigene Werkstatt führt. Oder der Student durchlebt die «tollen Jahre» des Studiums, die «Burschenherrlichkeit» (lang ist's her), aber nach dem Examen und mit dem Eintritt ins bürgerliche Leben ändert sich das Bild völlig – er gehört nun zu den Honoratioren, und wohlgesittet und besonnen füllt er seine standesgemäße gehobene Position aus, z. B. als Pfarrer, als Jurist oder Mediziner. Oder der Sohn des Fabrikanten machte jahrelang tolle Reisen, ist bekannt als Sportler und Partylöwe, aber mit dem ernsthaften Eintritt ins Geschäft als Juniorchef wandelt er sich zum eifrigen und rücksichtslosen Geschäftsmann. Eindrucksvoll zeigt sich ein solcher Wandel bei folgendem Schicksal:

Ein jetzt 35jähriger Mann wuchs auf als Sohn eines Berufssoldaten, späteren Beamten. Vorzeitig verließ er die höhere Schule, machte dann eine Lehre als Kraftfahrzeugmechaniker. Die Jahre zwischen dem Alter von 20 und 30 Jahren sind bestimmt durch eine Reihe von Delikten – immer wieder stahl der junge Mann Kraftfahrzeuge, mit denen er waghalsige Touren unternahm. Er hatte bei seinen riskanten Touren eine Reihe von Unfällen, kam aber immer gut davon. Zwischendurch arbeitete er als Versicherungsvertreter, Abschlußvermittler und Anlageberater. Wiederholt verbüßte er Freiheitsstrafen. Im Zusammenhang mit einem Unfall geriet er in einen Rechtsstreit mit der Bundeswehr, die von ihm – seiner Meinung nach widerrechtlich – den finanziellen Ersatz eines Schadens verlangte. Und nun kommt der große Wandel: Seit dem Alter von etwa 30 Jahren wendet Herr X. seine Kräfte auf, der finanziellen Forderung der Bundeswehr – die inzwischen gerichtlich bestätigt ist – zu entgehen. Von Abenteuer ist keine Rede mehr. Er kämpft jetzt mit dem großen Gegner – Staat und Bundeswehr – um sein Recht. Er kennt sich bestens aus in allen einschlägigen Bestimmungen. Er verdient offiziell gerade so viel, daß er nicht gepfändet werden kann. Anscheinend hat ihn irgendein Gegenspieler in der Bürokratie der Bundeswehr aufs Korn genommen, sucht ihn zur Zahlung heranzuziehen und ihm auch sonst Schwierigkeiten zu machen. Aber Herr X. weiß sich geschickt zu wehren. Hier sehen wir besonders deutlich den Wandel zwischen zwei Realisierungsformen der Priorität «Überlegenheit»: Zunächst die äußere Aktivität; Reisen, Sensationslust, riskantes Fahren, den Freiheitsdrang. Herr X. fühlte sich überlegen über Raum und Zeit, wenn er sich Autos stahl und losbrauste, ganz wie es ihm gefiel. Dann, mit dem Wandel, stellte er die Mittel der Kontrolle in den Dienst seines Überlegenheitsstrebens: die Kenntnis aller Bestimmungen, das sorgfältige Abschätzen aller Bewegungen und Möglichkeiten des Gegners. Diese beiden Möglichkeiten sehen wir schon bei den Rittern der Feudalzeit: entweder Kriegszug und Abenteuer – oder die Herrschaft über das ihnen zu Lehen gegebene Gebiet.

Einer mit der Priorität «Gefallen» paßt sich seinem

Partner an, sucht ihm seine Wünsche von den Augen abzulesen. Hierzu bietet ein herrliches Beispiel Kurt Kusenberg mit seiner Geschichte «Ein gefälliger Mensch». Die Geschichte beginnt: «Er sah gut aus, war nicht dumm und hatte mancherlei Gaben. Aber er konnte niemandem etwas abschlagen. Sein Sitznachbar in der Schule ließ sich von ihm die Aufgaben machen. Die Mädchen aus der Klasse ließen sich abends von ihm in die Weinberge spazierenführen und küssen, er führte sie reihum alle spazieren, auch die häßlichen. Den Lehrern las er die geheimen Wünsche von der Stirn ab – er glänzte oder versagte, wie sie es wollten.»

Hier macht Kusenberg eine treffende Beobachtung: Wer keine eigene Linie hat und stark genug darauf eingestellt ist, die Wünsche der anderen zu erfüllen, wird sogar versagen, wenn sie es wünschen, ja, er wird sogar «böse» sein oder sich mit dem anderen streiten, wenn dieser gerade danach Bedürfnis hat.

Kusenbergs «Gefälliger Mensch» mochte keine «Gastwirte, Krankenschwestern, Fußballspieler, Japaner, Schauspieler, fette Frauen, Militärpersonen und Leichen – er mied sie, sofern sie sich meiden ließen. Doch als eine beleibte Krankenschwester ihn um seine Hand bat, willigte er ein.» In seiner Familie genoß er keinerlei Respekt. Er lebte gewissermaßen davon, wenn bei seinen Gefälligkeiten nebenher Geld abfiel. Schließlich kam er ins Gefängnis – warum, mag man selber nachlesen. Er starb durch eine Verletzung, als er einem Raubmörder auf dessen Wunsch eine Feile anfertigte. Die Geschichte schließt: «Entgegen dem Wunsch seiner Frau, die Feuerbestattung schätzte, hatte er sich Erdbestattung ausbedungen. Das sah ihm gar nicht ähnlich, und er hatte es sich dann wohl anders überlegt, denn in der

Nacht vor dem Begräbnis brach in der Leichenkammer des Gefängnisses ein Feuer aus, das den Sarg samt der Leiche verzehrte.»

Ein anderes literarisches Beispiel ist die Geschichte «Seelchen» von Anton Tschechow. Dieser freundliche Realist hat ein außerordentliches Geschick, eine Lebensart, einen Lebensstil und eine Situation zu erfühlen und darzustellen. «Seelchen» ist die Frau eines Unternehmers, der einen Amüsiergarten besitzt mit Theatervorstellungen und dergleichen von bescheidener Art. Von ihr heißt es: «Sie mußte immer irgend jemand liebhaben, es ging nicht ohne das. Früher hatte sie ihr Papachen geliebt, der jetzt krank in einem dunklen Zimmer in einem Sessel saß und schwer schnaufte, sie hatte ihre Tante geliebt, die gelegentlich, einmal in zwei Jahren, aus Brjansk herreiste, und noch früher hatte sie, als sie ins Progymnasium ging, den Lehrer der französischen Sprache geliebt. Sie war ein stilles, gutherziges und mitleidiges Fräulein mit sanften und weichen Blicken, dabei sehr gesund. Beim Anblick ihrer vollen rosigen Wangen, ihres weichen weißen Halses mit dem dunklen Leberfleck und ihres gütigen naiven Lächelns, das stets zu sehen war, wenn sie etwas Angenehmes zu hören bekam, dachten die Mannsbilder: jawohl, ganz passabel! und mußten ebenfalls lächeln, die Damen aber, die bei ihr zu Gast waren, konnten sich nicht beherrschen, sondern ergriffen plötzlich mitten im Gespräch ihre Hand und äußerten dabei voller Zufriedenheit: «Seelchen!» Sie stellte sich völlig auf ihren Ehemann ein, vertrat in allen Punkten seine Ansichten und half überall im Betrieb, wo es nötig war. Wie ihr Mann klagte sie über das mangelnde Kunstverständnis des Publikums und hob Theater und Bildung in den Himmel. Dann starb ihr Mann, sie heiratete einen Holzhändler. Von Kunst und Theater war nun in keiner Form mehr die Rede. «Ihr schien, daß sie schon seit urlanger Zeit mit Holz gehandelt habe und daß das Wichtigste und Nötigste im Leben eben Holz sei.» Der Handel, die verschiedenen Holzarten und die Interessen ihres Ehemanns beherrschten ihr Denken völlig. Auch ihr zweiter Mann starb. Nun blieb sie unverheiratet und verfiel. Sie hatte einfach niemanden mehr und auch keine Ansichten mehr. «Es verlangte sie nach einer Liebe, die ihr ganzes Wesen erfassen könnte, ihre ganze Seele und ihren Verstand und die ihr Gedanken schenken und ihrem Leben eine Richtung geben und ihr alterndes Blut erwärmen würde.» Nach Jahren brachte man ihr einen Gymnasiasten, der nun bei ihr lebte und die Schule im Ort besuchte. Sie lebte wieder auf. Sie hatte wieder jemand, den sie lieben konnte, versorgen und verwöhnen. Tschechow schreibt: «Und nun besaß sie wieder eigene Meinungen und sprach beim Abendessen mit Saschas Eltern darüber, wie schwer es die Kinder jetzt in den Gymnasien mit dem Lernen hätten, auch daß trotz allem die klassische Bildung besser als die in den Realschulen wäre» usw.; sie vertrat nun in allem und jedem begeistert die Ansichten ihres kleinen Pfleglings.

Das Streben nach Überlegenheit, Wettbewerb und Kampf können wir uns eigentlich in jeder Kulturepoche vorstellen – wenn auch in gewandelter Form. Aber wie steht es mit der Kontrolle? Sie betätigt sich heute auf einem Feld, das besonders unserer Kulturepoche eigen scheint: die vielfältigen Vorschriften und Regeln aller Art, in die wir eingespannt sind – Rechtsvorschriften, wirtschaftliche, technische und wissenschaftliche Zusammenhänge und Gesetze aller

Art –, deren Kenntnis doch immer einen Vorteil bedeutet. Wie sollen wir uns das für andere Umweltbedingungen, für frühere Zeiten vorstellen? Wir glauben, daß dieses Prinzip der Sicherung, der Kontrolle in jeder Epoche und jeder Kultur seine Bedeutung hat – freilich in recht unterschiedlichen Formen, in die man sich hineindenken muß. Hierzu ein Beispiel, das an eine Sage anknüpft:
Die leuchtendste Gestalt in der Nibelungensage ist der Held Siegfried. Er ist unüberwindlich, strahlend, ohne Schwächen und Makel, ein Held, der nur durch Hinterlist gefällt werden kann. In ihm sehen wir ein idealisiertes Beispiel der «Überlegenheit». Sein düsterer Gegenspieler ist Hagen von Tronje. Er ist es, der dem Helden an der einzig verwundbaren Stelle den Spieß in den Rücken stößt. Eine düstere Gestalt, die dem oberflächlichen Blick als feiger Mörder erscheinen mag, der später mit den anderen Nibelungen bei den Hunnen untergeht. Das Epos sieht es aber anders. Auch Hagen hat seinen Wert und seine Bedeutung, er verkörpert aber ein ganz anderes Prinzip als Siegfried, und zwar das Prinzip der Treue. Er tötet Siegfried nicht aus Bosheit oder Rachsucht, sondern aus Treue seiner Herrin Brünhild gegenüber, die von Siegfried beleidigt worden war. Er ist sich klar, daß man ihn nicht loben wird, aber die Treue geht ihm vor. Bei dem Zug zu den Hunnen weiß er genau, daß er dort seinen Untergang finden wird, aber das erscheint ihm unwichtig gegenüber der Treue zu seinen Herren. Der Zug an Etzels Hof bringt ihm den Tod, aber umkehren brächte ihm etwas Schlimmeres: Er müßte sich ehrlos fühlen. Dies Prinzip der Treue gab eine innere Sicherheit. Von äußerer Sicherheit im heutigen Sinne konnte weder zur Zeit der Völkerwanderung noch

des Mittelalters die Rede sein. Krankheit, Mißernte und Hungersnot, Krieg und Unruhen drohten ganz anders, als wir es uns heute vorstellen können. Aber das Prinzip der Treue zum angestammten Herrn, zur angestammten Ordnung konnte eine innere Sicherheit bieten. Verletzung der Treue bedeutete Ehrlosigkeit. In dieser Form ist das sicher eine Kriegermoral aus einer fernen Epoche.
Einen glänzenden Zugang zum Verständnis des Prinzips «Kontrolle» bietet uns Franz Kafka. Damit soll nicht behauptet werden, daß Kontrolle seine Priorität gewesen sei, darüber möchten wir uns kein Urteil erlauben. Aber er kannte sich auf diesem Gebiet vorzüglich aus und wußte es glänzend darzustellen. Als erstes Beispiel soll sein Roman «Das Schloß» genannt werden. In diesem Werk kommt der Landvermesser K. in ein Dorf – in einer Gegend, in der während der ganzen Begebenheiten und, wie es einmal heißt, fast das ganze Jahr hindurch Winter ist. Das Dorf wird von einem Schloß beherrscht. Der Landvermesser möchte Zugang zu diesem Schloß finden. Gerade das, was so einfach erscheint, erweist sich als schwierig, als immer schwieriger. Komplizierte Möglichkeiten scheinen sich aufzutun, immer wieder gibt es Enttäuschungen. Die Möglichkeiten des Alltags, die menschlichen Beziehungen, auch die Liebe interessieren den Landvermesser K. nur am Rande, in all diesen Beziehungen bleibt er kalt und distanziert. Ihn interessiert im Grunde nur eines: Er will zum Schloß. Und das Schloß mit seiner gänzlich unübersichtlichen bürokratischen Verwaltung – deren Vertreter ab und zu ins Dorf kommen – verwehrt ihm diesen Zugang. Der Landvermesser K. sieht sich gefangen in einer Ordnungsstruktur, die er durchschauen will, erfassen und überwinden will – ohne

daß es ihm gelingt. Einen ganz anderen Zugang zum Prinzip der Kontrolle und des Sicherheitsstrebens – gewissermaßen von innen heraus – bietet uns Franz Kafka in seiner nachgelassenen Erzählung «Der Bau». Wer dieses Prinzip in einer hinreißenden, dichterisch überhöhten Form kennenlernen möchte, sollte die Erzählung lesen. In der Ich-Form berichtet ein Tier, das sich einen Bau gegraben hat und ihn allein bewohnt. Der Bau ist gesichert in jeder Form, die sich denken läßt – der scheinbare Eingang endet blind. Der wahre Eingang ist unter einer Moosdecke verborgen und führt alsbald in ein Labyrinth. Seitenwege und kleine Kessel sind vorhanden. Vorräte gibt es genug, auch ohne Vorräte genügten eine Weile die Kleintiere zum Lebensunterhalt, die sich in dem Bau verlaufen. Mit diesen Sicherungen würden sich viele zufrieden geben – nicht aber das Tier, das geradezu die Priorität «Kontrolle» verkörpert. Fast unablässig ist es mit Überlegungen beschäftigt, welche Gefahren trotzdem noch drohen, wie die Sicherheit vermehrt werden kann. Ab und zu verläßt das Tier den Bau, um draußen neue Beute zu machen. Danach muß es in den Bau zurück, und nun drängen sich alle Bedenken dramatisch zusammen: wie, wenn es dabei beobachtet würde? Am liebsten möchte es gleichzeitig hinabsteigen und doch weiter den Eingang beobachten. «Hätte ich doch irgend jemanden, dem ich vertrauen könnte, den ich auf meinen Beobachtungsposten stellen könnte, dann könnte ich wohl getrost hinabsteigen.» Aber – «wird er nicht eine Gegenleistung verlangen, wird er nicht wenigstens den Bau ansehen wollen? Schon dieses, jemanden freiwillig in meinen Bau zu lassen, wäre mir äußerst peinlich. Ich habe ihn für mich, nicht für Besucher gebaut, ich glaube, ich würde ihn nicht ein-

lassen; selbst um den Preis, daß er es mir ermöglicht, in den Bau zu kommen, würde ich ihn nicht einlassen. – Und wie ist es mit dem Vertrauen? Kann ich dem, welchem ich Aug in Aug vertraue, noch ebenso vertrauen, wenn ich ihn nicht sehe und wenn die Moosdecke uns trennt? Es ist verhältnismäßig leicht, jemandem zu vertrauen, wenn man ihn gleichzeitig überwacht und wenigstens überwachen kann, es ist vielleicht sogar möglich, jemandem aus der Ferne zu vertrauen, aber aus dem Inneren des Baues, als aus einer Welt voraus, jemandem außerhalb völlig zu vertrauen, ich glaube, das ist unmöglich. – Vertrauen aber kann ich nur mir und dem Bau.» Und dann überlegt sich das Tier wieder technische Sicherungsmöglichkeiten – «ich fange wieder einmal meinen Traum eines ganz vollkommenen Baues zu träumen an, das beruhigt mich ein wenig». Die Erzählung endet mit der großen Angst, die den Gegenpol der Kontrolltendenz darstellt: Das Tier hört ein feines Zischen. Es hört dieses Zischen von allen möglichen Punkten seines Baues. Immer gewisser wird es ihm: Da ist ein großes hoffnungslos überlegenes Tier – gegen das alle Vorsichtsmaßregeln nicht das Geringste nützen. Dieser großen, umfassenden Gefahr gegenüber erscheinen schließlich doch alle Sicherungsmaßnahmen – der mühsam angelegte komplizierte Bau, die Kampfbereitschaft und selbst der Versuch einer Verständigung auf gutem Wege erfolglos. An diesem Punkt der Überlegungen endet das Stück mit den Worten: «Aber alles blieb unverändert.»
Zur Illustration der Priorität «Bequemlichkeit» sei hier zunächst der berühmte Roman «Oblomow» von Iwan Gontscharow genannt. Oblomow ist der Sohn eines russischen Gutsbesitzers aus der friedlichen,

verschlafenen Provinz. Seine Jugend war freundlich umhegt und beschützt, auch seine Umgebung war friedlich und freundlich – während ihm das Fremde, Unbekannte in Märchen und Überlieferungen als gefährlich und bedrohlich geschildert wurde. Bequem und tatenlos, dem eigenen Wohlbefinden hingegeben, lebt seine Familie. Einfühlsam wird geschildert, wie das Kind aus dem Vorbild der Eltern, aus der Einwirkung der Umgebung seine Vorstellungen prägt:
«Als das Kind kaum erst ein paar Worte hervorbringen, ja vielleicht überhaupt noch nicht sprechen, nicht einmal laufen konnte, sondern alles bloß mit jenem unverwandten stummen Kinderblick anguckte, den die Erwachsenen gemeinhin stumpf nennen, hatte es vielleicht bereits Bedeutung und Zusammenhang der Erscheinungen seiner Umwelt erschaut und erraten, nur ohne es sich selber noch anderen bewußt werden zu lassen. Vielleicht bemerkte und begriff Iljuscha schon längst, was in seiner Gegenwart gesprochen und getan wurde: wie sein Vater in Plüschhosen und einer braunen wattierten Tuchjoppe den lieben langen Tag nichts weiter tat als, die Hände zurückgelegt, von einer Ecke in die andere zu gehen, Tabak zu schnupfen und sich zu schnäuzen, während die Mutter vom Kaffee zum Tee und vom Tee zum Essen überging; daß es dem Vater nie auch nur einfiel, nachzuprüfen, wieviel Schober gemäht oder geschnitten worden waren und Nachlässigkeit zu bestrafen; reichte man ihm aber einmal nicht rasch genug sein Taschentuch, so schrie er über die Unordnung und stellte das ganze Haus auf den Kopf. Vielleicht hatte sein kindlicher Verstand längst entschieden, daß man so wie die Erwachsenen um ihn leben müsse und nicht anders. Ja, wie hätte er sich auch anders entscheiden sollen?»

Oblomow weiß das Leben zu genießen. Aber mit zunehmendem Alter stellt sich bedrückend heraus, was er nicht kann: Er ist unfähig zu eigener Aktivität, da fehlt ihm jede Zuversicht und jedes Selbstvertrauen. Vor solchen Aufgaben versinkt er in lähmende Unentschlossenheit. Ohne selbst etwas zu schaffen, ist und bleibt er auf die Arbeit der anderen angewiesen.

Die besondere Fähigkeit zum Genießen, die sich mit der Priorität «Bequemlichkeit» verbindet, schildert Anton Tschechow in seiner Erzählung «Die Sirene», und zwar – daher der Titel – das Mitreißende, das von dieser Fähigkeit auf die andere ausgeht. «Die Sirene ist der Gerichtssekretär Schilin. Es ist nach einer Sitzung des Friedensgerichts, während der Vorsitzende noch bemüht ist, seine «besondere Meinung» zu Papier zu bringen. In dieser Lage malt sich der Gerichtssekretär allerlei kulinarische Genüsse aus und teilt seine Vorstellungen mit leiser Stimme jeweils einem der Anwesenden mit. Zu diesem Genuß gehört zunächst der «richtige Wolfshunger» – etwa nach einer langen Fahrt oder bei der Heimkehr von einer Hetzjagd. Schon auf der Rückkehr habe man nur an das Fläschchen und an einen Imbiß zu denken. Und dann kommen die Schilderungen der Speisen – mit Geruch, Aussehen, Geschmack, Einzelheiten der Zubereitung. Die richtige Reihenfolge, die Art des Genießens werden liebevoll erörtert. Er schildert so hinreißend, daß einer nach dem anderen von den Anwesenden zum Essen eilt. Der Vorsitzende kommt mit seinem Schreiben nicht zurecht. Nachdem er sechs Blatt Papier verschmiert hat, wirft er alles hin und macht sich ebenfalls davon zum Essen. Zurück bleibt der Sekretär, der seufzend die Papiere ordnet. Er hat nicht prahlen wollen und auch nicht die Sitzung durcheinanderbringen – das läge auf der Linie des Überlegenheitsstrebens, er schwelgte lediglich in genießerischen Phantasien, die er sich im Augenblick nicht verwirklichen durfte, und braucht einen Zuhörer, mit dem er diese Genüsse teilte.

Mit Bewunderung beschreibt Helmut von Moltke in einem Brief an seine Mutter aus dem Jahre 1836 die Lebenskunst der Türken: «Eine der wichtigsten Angelegenheiten der ehrlichen Türken ist, was sie Kief etmek, wörtlich Laune machen, nennen, d. h. an einem gemütlichen Ort Kaffee trinken und Tabak rauchen. Einen solchen Ort par excellence find ich in dem Dorf, wo wir rasteten. Stell dir eine Platane vor, die ihre Riesenarme 100 Fuß weit fast waagerecht ausstreckt und unter deren dunklem Schatten die nächsten Häuser ganz begraben sind. Den Fuß umgibt eine kleine steinerne Terrasse, unter welcher aus 27 Röhren das Wasser armdick herausstürzt und einen starken Bach bildet. Da sitzen nun die Türken mit untergeschlagenen Beinen und – schweigen.»

Für Oscar Wilde spielte offensichtlich die Tendenz und der ganze Lebensbereich, der sich mit der Priorität «Bequemlichkeit» verbindet, eine enorme Rolle. Er schwelgt geradezu in farbigen, sinnlichen Eindrücken – die für einen Leser ohne Sinn für diese Lebensart manchmal wie Aufzählungen wirken können. Es sei hier ein Zitat gebracht, in dem eine besondere Lebenshaltung sehr deutlich wird, die Fähigkeit zur Entspannung und zum Genießen verbindet mit dem Angewiesensein auf andere:

«Als Lord Arthur aufwachte, war es zwölf Uhr, und die Mittagssonne drang durch die elfenbeinfarbenen Seidenvorhänge. Er stand auf und sah aus dem Fenster. Ein leichter Hitzeschleier lag über der Stadt, und die Dächer schienen aus mattem Silber gemacht. Drunten auf dem Platz huschten ein paar Kinder wie weiße Schmetterlinge durchs flimmernde Grün, und der Gehsteig war voll von Menschen, die hinüber zum Park gingen. Nie zuvor war ihm das Leben so schön, nie zuvor das Böse so weit entrückt erschienen. Dann brachte sein Diener ein Tablett mit einer Tasse Schokolade. Als er sie ausgetrunken hatte, zog er die pfirsichfarbene Plüschportiere zur Seite und ging ins Badezimmer. Durch die dünnen, durchsichtigen Onyxplatten an der Decke drang sanftes Licht, und das Wasser in der Marmorwanne schimmerte wie Mondstein. Er ließ sich rasch hineinsinken, bis das kühle Wasser ihm Hals und Haar umspülte, und tauchte dann ganz unter, so als wollte er den Makel einer schmachvollen Erinnerung wegwaschen. Als er aus der Wanne stieg, fühlte er sich fast beruhigt. Das köstliche Gefühl körperlichen Wohlbehagens, das dieser Augenblick ihm verschaffte, ergriff ganz Besitz von ihm – ein Vorgang, den feinnervige Menschen häufig erleben, da die Sinne, wie das Feuer, ebenso zu läutern wie zu zerstören vermögen.»*

* Aus: Lord Arthur Saviles Verbrechen – von Oscar Wilde «Werke in zwei Bänden», Gedichte in Prosa, Märchen-Erzählungen, Versuche – Aphorismen Band 1, Kapitel 3.

VI Werten und Verarbeiten

Die Schuldfrage oder: Die höchst private Geschichtsforschung

«Wer oder was ist schuld, daß ich jetzt Schwierigkeiten habe? Wer ist schuld, daß ich so bin?» Das ist ein Thema, bei dem sich lange verweilen läßt – die Möglichkeiten sind geradezu unerschöpflich. Zunächst denken wir wohl an die anderen, mit denen wir zusammenleben oder zusammenarbeiten. Was haben sie für Mängel, was machen sie falsch, was müßten sie anders machen? Wenn wir feststellen, daß wir selbst an den Mißhelligkeiten nicht ganz unbeteiligt sind, beginnt die private Geschichtsforschung. Arbeitshilfen dazu gibt es in reicher Menge. Die Schule allein, Mängel und Unverständnis der Lehrer wäre ein Kapitel, das Bände füllen kann. Allgemeiner gesehen: die Gesellschaft. Fehleinstellungen, Zwang, Druck, überhöhte Forderungen, doppelte Moral, Mängel und Widersprüche – gewiß, an uns ist viel verdorben worden!

Und dann die Kindheit, die Traumata der Kindheit, die Eltern! Stichwörter und Anregungen aus verschiedenen Richtungen gibt es mehr als genug. Dennoch ist das eine höchst private Geschichtsforschung – denn der Forscher ist selbst der Betroffene, er liefert und sammelt das Material, er stellt Ankläger und gegebenenfalls auch Verteidiger, er fällt als Richter das Urteil und kargt nicht mit Schuldsprüchen. Nun, wenn es Spaß macht – aber was kann am Ende dabei herauskommen?
Es gibt ungelöste bedrückende Fragen aus der eigenen Vergangenheit. Sie zu formulieren, sie auszusprechen und sich darüber auszutauschen, kann befreiend wirken. Es gibt noch andere Gründe, sich unter bestimmten Gesichtspunkten mit der eigenen Vergangenheit zu befassen. Und zwar können wir daraus einen Zugang gewinnen, wie unsere Haltung zum Leben ist, unsere Sicht des Lebens, unser Plan – kurz, der Lebensstil. «Wie habe ich als Kind meine Familie erlebt und gesehen, welche Stellung habe ich mir selbst zugeschrieben?» Der Lebensstil ist festgehalten in den bildhaften Vorstellungen der «frühkindlichen Erinnerungen». Ich kann also die Vergangenheit zu Hilfe nehmen, mich zu verstehen, wie ich heute bin, denke und handele. Ich erfasse daraus meine Leitmotive, ich kann sie freier anwenden, abwandeln oder verändern. Ich kann ungelöste belastende Fragen ins Bewußtsein heben und schließlich bewältigen. Einige mögen sich dabei selbständig zurechtfinden, vielen hilft ein vertrautes Gespräch, manche brauchen die Hilfe eines Psychotherapeuten. Aber wenn ich meine private Geschichtsforschung zum Hauptberuf wähle, so entscheide ich mich für eine Liebhaberei, die auf die Länge außer Entschuldigungen wenig einbringt. Die Lösung für meine Probleme

finde ich nur hier und jetzt, denn das Rad der Zeit kann keiner zurückdrehen.

Was ist normal?

Vorsicht! Hinter dem harmlos klingenden Ausdruck «normal» verstecken sich oft die gefährlichsten Vorurteile. Natürlich hat der Ausdruck wissenschaftlich seine Bedeutung als «Durchschnittsnorm» (d. h., alles, was statistisch innerhalb eines gewissen Streubereichs liegt – z. B. nach Größe oder Gewicht – ist «normal» im Sinne der Durchschnittsnorm) oder als «Idealnorm» – das ist ein als ideal festgesetzter Wert, von dem die meisten ohnehin abweichen. Aber was soll das für diesen Bereich des Seelischen, den wir hier besprechen? Hier sehen wir «normal» meist in dem Sinn verwendet, daß jemand oder etwas herausfällt aus dem fiktiven Bereich des «Guten», des «Richtigen» und «Gesunden». Wir schließen meist mit dem Wort etwas aus, wir werten etwas ab, was eben als fragwürdig oder als nicht normal bezeichnet wird. «Ich möchte einfach normal sein»: Das klingt recht harmlos und bescheiden. Dahinter steckt das Vorurteil: Die anderen sind «normal», in Ordnung, ohne Schwierigkeiten und Probleme – nur ich bin es nicht. In Wahrheit hat natürlich jeder seine Grenzen, seine Schwierigkeiten und Probleme, und welche Stimmungslage ist z. B. «normal», schwermütig, heiter, ernst, lustig usw. – was soll davon normal sein und was nicht? Wer da nach dem Trugbild des «Normalen» strebt, wird nie ins Ziel kommen und sich mit dieser Methode immer selbst abwerten können.
Die umgekehrte Anwendung des Begriffes: Herr X.

ist doch nicht normal! Wie kann man nur so etwas machen, wie kann man nur so sein! Dann schließe ich Herrn X. aus, ich werte ihn ab. Ich stelle ihn gegenüber einer fiktiven Gruppe der «Normalen», die in Ordnung sind, die richtig handeln, die richtig denken – und zwar alle so wie der Sprecher, der gerade über Herrn X. herzieht. Mit dem Trugbegriff des Normalen kann man sich selbst entwerten oder auch den anderen – je nach Anwendung. Viele setzen sich oder anderen Maßstäbe, an denen das Erreichte wertlos erscheint und die immer wieder das Gefühl des Scheiterns vermitteln.
Wir schlagen vor, den Begriff des «Normalen» und des «Richtigen» ersatzlos aus dem eigenen Sprachgebrauch zu streichen. Es gibt immer viele Möglichkeiten, viele Standpunkte. Jeder hat sein Für und Wider, seine Vorteile und Nachteile. Freilich gibt es ein «richtiger» und ein «besser» – nicht nur für jeden Standpunkt einzeln, sondern auch im allgemeinen Sinne. Und zwar bedeutet das: besser, förderlicher für die Gemeinschaft und damit oft auch sachlich angemessener. Wir bekommen damit einen Maßstab, die Konsequenzen unseres Handelns zu überblicken, eine Entscheidungshilfe. Die Kenntnis der vier Prioritäten kann uns den Blick öffnen für die vielen Möglichkeiten, die alle sinnvoll und berechtigt sind.

Wonach sollen wir die Verwirklichung einer Priorität beurteilen?

Es bieten sich verschiedene Maßstäbe an:
Nach dem Differenzierungsgrad und der Reichhaltigkeit, die eine Persönlichkeit entwickelt;
nach der Höhe des Selbstvertrauens, des Mutes;

nach dem Ausmaß, Probleme bei sich selbst zu belassen bzw. selbst zu lösen oder anderen zuzuspielen;

nach dem Wert für die Gemeinschaft (Schaden oder Nutzen).

Bei einer Bewertung legen wir meistens Maßstäbe an, die einer Skala Überlegenheit–Unterlegenheit entsprechen, also etwa: Wer setzt sich besser durch, wer ist intelligenter, differenzierter. Wichtiger erscheint uns aber als Maßstab der Wert für die Gemeinschaft. Freilich kommt es da auch wieder darauf an, was wir bewerten, und man sollte keinesfalls vorschnell oder engherzig sein. Eine verschrobene, in mancher Hinsicht mißglückte Existenz – ein Mensch, unter dem manche leiden mußten – kann den anderen ein beachtliches dichterisches Werk oder eine wichtige Erfindung schenken. Eine höchst bescheidene, eher passive Existenz kann für ihren Kreis eine wichtige und positive Funktion erfüllen, die vielleicht erst nach ihrem Verschwinden so recht deutlich wird. Der Wert des eigenen Tuns wird oft viel zu gering veranschlagt; wir sehen oft nicht, was wir für andere bedeuten, oder schätzen es ganz schief ein. Was wir für wichtig halten, mag sich später als Phantom herausstellen; was wir als beiläufig und nebensächlich betrachtet haben, hatte vielleicht für einen oder einige Mitmenschen große Bedeutung. Noch viel mehr unterschätzen wir die eigene Persönlichkeit und die eigenen Möglichkeiten. Das gilt eigentlich von allen Menschen, selbst von einem Hochstapler: Würde er eine großartige Rolle nur spielen, wenn er vom eigenen Wert überzeugt wäre? Differenzierungsgrad und Intelligenz als Maßstab sind nicht aus der Welt zu schaffen, deshalb sollten wir uns diese Frage besonders überlegen. Ein schlichter Mensch mag uns leicht langweilig erscheinen, ein differenzierter und intelligenter mag uns faszinieren. Doch sagt das noch gar nichts darüber aus, ob er seine Gaben zum Nutzen oder Schaden verwendet. Wir stehen oft vor der Schwierigkeit, einen Menschen mit Problemen und unangenehmen Zügen doch positiv zu betrachten und zu akzeptieren. Das wird uns durch einen engen Maßstab erschwert; es wird uns erleichtert, wenn wir Breite und Toleranz entwickeln und vieles als Bereicherung anerkennen.

Mut und Gemeinschaftsgefühl

Jeder Lebensstil und jede Priorität basiert auf einer einseitigen Auffassung – man könnte auch sagen: auf einer unzulässigen Verallgemeinerung. Jede Priorität enthält viele brauchbare Möglichkeiten und auch weniger günstige. Mit den Begriffen richtig oder falsch sollte man in diesem Zusammenhang vorsichtig umgehen. Jedoch drängt sich auf, daß manche Verwirklichungen viel günstiger und glücklicher erscheinen als andere. So hat ein Mensch mit der Priorität «Überlegenheit» oft besonderen Sinn für Rivalität, für Kampf und Wettbewerb. Das kann in der Art eines erbitterten Ringens verwirklicht werden, bei dem alle Mittel erlaubt erscheinen, den Feind zu Fall zu bringen. Es kann als fairer Wettkampf verwirklicht werden, der alle Teilnehmer fasziniert und bei dem auch eine eigene Niederlage ohne Verbitterung hingenommen wird. Ein Mensch mit der Priorität «Überlegenheit» möchte sich und anderen beweisen, daß er Bedeutung hat. Das kann so aussehen, daß er sein Hauptaugenmerk auf andere richtet: ob sie ihn anerkennen als überlegen, als wichtig. Dann ist er mehr auf den Schein, mehr auf den Effekt konzentriert. Es kann auch so aussehen, daß er sich selbst beweisen will: Ich schaffe etwas Sinnvolles. Dann ist er mehr auf die Sache konzentriert und innerlich viel selbständiger und unabhängiger. Er kann dann für sich und andere Sinnvolles schaffen, ohne ständig nach Beifall oder Zustimmung zu haschen. Diese Reihe von Möglichkeiten der Verwirklichung ist gekennzeichnet durch die Zunahme von Mut und Gemeinschaftsgefühl, gleichzeitig auch innere Freiheit. Alle liegen auf der Linie des Überlegenheitsstrebens. Bei dieser Priorität ist die breite Skala der Möglichkeit besonders eindrucksvoll; sie ist da besonders dynamisch und vielseitig. Eine ähnliche Breite gibt es jedoch auch bei den anderen Prioritäten.

So kann ein Mensch mit der Priorität «Bequemlichkeit» sich selbst als untüchtig betrachten und als darauf angewiesen, andere für sich arbeiten zu lassen. Er kann sich auch geruhsam mit «langweiligen Aufgaben» befassen, die der Ehrgeizige, der Ungeduldige nicht mag – und die keine besondere Verantwortung, keine ständige Umstellung erfordern. Er kann seine besonderen Fähigkeiten auf dem Gebiet der Ästhetik und des Genießens entdecken und andere teilhaben lassen.

Der Mensch mit der Priorität «Gefallen» kann ängstlich darauf bedacht sein, niemandem einen Wunsch abzuschlagen, um nur ja nicht abgelehnt zu werden. Das läßt auf ein besonders geringes Maß an Mut und Selbstvertrauen schließen. Zugleich ist diese passive Form der Verwirklichung kaum dazu angetan, ihm Selbstvertrauen und Freude zu machen. Aktiver und befriedigender ist die Möglichkeit, anderen Menschen ihre Wünsche zu erfüllen oder gar von den Augen abzulesen. Schließlich gibt es eine Art Überhöhung dieser Linie, das zu tun, was für die anderen nötig ist und was ihnen hilft – ob sie es nun im Einzelfall danken und anerkennen oder nicht.

Auch für die Priorität «Kontrolle» kann man eine ähnliche Skala aufstellen. An einem Ende steht ein starres Festhalten und eine ängstliche Einschränkung – anderen und sich selbst ja nichts zu erlauben, was über einen engen Rahmen hinausgeht. Ans andere Ende könnte man ein Ordnungsprinzip setzen, das ein Maximum an Möglichkeiten und ein Minimum an Einschränkungen erstrebt oder eine Selbstkontrolle, die nicht mehr hauptsächlich durch Einschränkung gekennzeichnet ist – sondern durch das Vorherrschen bewußten Handelns, Denkens, Entscheidens.

Welche Priorität ist die beste?

Wer seine adlerianische Lektion gut gelernt hat, wird jetzt schon vorsichtig sagen: alle oder keine, sie sind alle gleichberechtigt. Jede ist auf ihre Art einseitig, jede hat ihre Schwächen und Mängel, jede auch ihre besonderen Möglichkeiten. Wer das ehrlich sagen kann – nicht als gelernte Lektion, sondern aus Erfahrung und Überzeugung –, hat es weit gebracht. Wer noch nicht so weit ist, der soll hier zu der Antwort ermutigt werden: Alle sind gut, aber meine Priorität ist die beste. Mag ich, Theo, etwa im folgenden Stil argumentieren: Mit meinem Streben nach Überlegenheit bin ich es, der die Dinge in Bewegung bringt. Die Konkurrenz empfinde ich als Herausforderung, sollen es doch die anderen genauso sehen! Ich bringe Leben in die Welt und sehe mich als Motor des Fortschritts. Daß es mir gelegentlich zuviel wird – nun, wer seinen Beruf und seine Verpflichtungen ernst nimmt, kann kein Rentnerdasein führen. Gewiß, ich gebe zu, gelegentlich bin ich melancholisch und überlege, ob all das einen Wert hat. Aber wer die Schwermut nicht kennt, hat die Tiefe der Welt nicht begriffen.

Mit meiner Priorität «Gefallen» kann ich sagen:

Ich nehme Rücksicht auf andere; ihre Wünsche sind mir wichtig. Mehr als das: Ich verstehe mich in sie hineinzudenken und erfasse, was sie brauchen. Ich will mich nicht loben und meine keinesfalls, alle müßten so sein; aber eigentlich ist das doch ein sehr soziales Verhalten – und Sie, mein Herr, haben das doch auch ganz gern. Wenn mein Freund meint, ich wäre langweilig, dann bin ich traurig und fühle mich mißverstanden, aber ich erlebe immer wieder, daß ich die anderen glücklich und zufrieden machen kann, und das ist doch sehr wichtig im Leben, meinen Sie nicht?
Wie soll ich die Prioritäten so anordnen, daß meine eigene Vorliebe am wenigsten auffällt? Theo hat sich mit der «Überlegenheit» an die erste Stelle gesetzt; ich, Albrecht, schiebe mich mit der «Kontrolle» an die dritte. Ich möchte allen Prioritäten ihr Recht lassen. Aber man muß wissen, wann das eine oder das andere am Platz ist – und muß es dann auch einsetzen können. Dazu brauche ich die Kontrolle! Meine Position hängt von vielen Faktoren ab, die ich immer nur zum Teil in der Hand habe. Jede Einseitigkeit erhöht das Risiko. Wenn ich aber eine

Stellung mit ihren Möglichkeiten und Gefahrenmomenten überblicke – freilich niemals vollständig, aber soweit es eben geht –, dann mache ich das Beste daraus und bin nicht so leicht zu erschüttern.

Mit meiner Priorität «Bequemlichkeit» frage ich mich:

Wofür plagen sich die Leute? Ich habe dafür nicht das rechte Verständnis. Gewiß, jeder nach seiner Art. Der eine schuftet, der andere rast in der Weltgeschichte herum, der dritte sorgt nur für sein Alter und der vierte strengt sich für andere an – und wo bleibt das Leben? Man kommt auch mit weniger Anstrengung aus, ich jedenfalls. Im Grunde laufen diese eifrigen Menschen am Leben vorbei – und ich verstehe es zu genießen. Ich würde es auch Ihnen gönnen!

Mit der Kenntnis der vier Prioritäten läßt sich das Verständnis erweitern für Probleme, für Persönlichkeiten und für zwischenmenschliche Beziehungen. Es läßt sich manches in raschem Überblick erfassen. Neue Möglichkeiten, neue Wege werden zugänglich. Uns hat die Arbeit mit dieser Methode weitergeholfen und Freude gemacht, und das möchten wir allen wünschen.

Zur Herkunft des Begriffes «Prioritäten»

Eingeführt hat ihn in die psychologische Arbeit Frau Dipl.-Psych. Nira Kefir aus Tel Aviv, die erstmals 1971 in Israel über diese Persönlichkeitstheorie gesprochen hat. Die Idee wurde dann von Dr. med. Bill Pew aus Minneapolis weiter entwickelt und bekannt gemacht, u. a. auf der Internationalen Sommerschule für Individualpsychologie 1974 in Holland. Weitere Veröffentlichungen stammen von Raymond J. Corsini aus Hawaii, Jaqueline F. Brown aus Washington und wiederum von Nira Kefir. Die Methode basiert auf den Grundlagen der individualpsychologischen Denk- und Arbeitsweise, die auf Alfred Adler und seine Schüler zurückgehen. Das Literaturverzeichnis bringt nähere Hinweise und Möglichkeiten zur Orientierung.

Nachwort zur 2. Auflage

«Lebensstil» ist ein zentraler Begriff der Adlerianischen Psychologie. Der Lebensstil eines Menschen wird gekennzeichnet durch die Zielrichtung seiner sozialen Aktivität; weiter durch das, was er als bedrohlich auffaßt und unbedingt vermeiden will; weiter durch seine tendenziöse Wahrnehmung und sein subjektives Weltbild sowie durch die Art der Methoden, mit denen er arbeitet. Die «Prioritäten» bieten eine praktikable Methodik zur Arbeit mit dem Lebensstil. Es kann nicht verwundern, daß das Konzept der Prioritäten unterschiedliche Auffassungen und auch Erweiterungen zuläßt. Nira Kefir (siehe unten) nennt in ihrer Darstellung der Impasse-Priority-Therapie folgende vier «Persönlichkeitsprioritäten»:

1) Kontrolle
2) moralische Überlegenheit
3) Beflissenheit
4) Vermeidenshaltung.

Sie nennt vier «basic impasses» (Sackgassen; Dinge, die vermieden werden sollen):

1) lächerlich zu erscheinen
2) bedeutungslos zu sein
3) abgelehnt zu werden
4) Streß zu vermeiden.

St. Langenfeld / F. Main (siehe unten) entwickeln in ihrer faktorenanalytischen Untersuchung zum Thema fünf Faktoren: Gefallen; Leistung; Übertreffen; Abstand nehmen; Vermeiden.
John B. Nield (siehe unten) stellt für den Schulbereich dar: Überlegenheit bringe Beschwerden über den Arbeitsbereich; Kontrolle über sozialen Abstand von anderen; Bequemlichkeit störe sich daran, als unproduktiv oder faul gekennzeichnet zu werden; Gefallen klage darüber, zerrissen zu werden im Bemühen, zu vielen zu gefallen.
R. Ruthe stellt die Arbeit mit den Prioritäten in der Paartherapie dar.
Th. Schoenaker entwickelte einen Fragebogen zum Verständnis der Priorität und ihrer Probleme.
Weitere statistische Untersuchungen zum Thema Prioritäten wären zu begrüßen. Es sei jedoch darauf hingewiesen, daß die Prioritäten nichts «Objektives» sind, sondern eine subjektive Sicht erfassen und als solche eine wertvolle therapeutische Methode darstellen. Der Schwerpunkt bei Nira Kefir liegt beim negativen Aspekt der jeweiligen Priorität (Impasse, Sackgasse); bei der Einengung, der Störung. Dies mag zur Therapie einer Störung auch durchaus sinnvoll sein. Es wird jedoch von uns als Ergänzung empfohlen, auch die positiven Aspekte eines Lebensstils und so auch der Prioritäten zu erarbeiten. Die Beschränkung

auf negative Aspekte kann leicht entmutigend wirken, die Einbeziehung positiver Möglichkeiten wirkt eher ermutigend. Wir meinen, daß das Adlersche Konzept des Lebensstils zu noch weiterer Entfaltung und Forschung herausfordert.

Literatur

A. Adler, «Der Sinn des Lebens», Frankfurt 1974

–, «Menschenkenntnis», Frankfurt 1974

E. Blumenthal, «Wege zur inneren Freiheit – Praxis und Theorie der Selbsterziehung», 4. Auflage, München 1976

J. F. Brown, «Practical Application of the Personality Priorities», B & F Associates, Inc., Selbstverlag Washington 1975

R. Dreikurs, «Grundbegriffe der Individualpsychologie», Stuttgart 1969

–, «Psychologie im Klassenzimmer», Stuttgart 1967

N. Kefir, «Priorities» – A Different Approach to Life Style and Neurosis, unveröffentlichtes Manuskript 1976

–, «Prioritäten», Vortrag ICASSI 1971, Tel Aviv/Israel

–, und *R. J. Corsini,* «Dispositional Sets: A Contribution to Typology», aus Journal of Individualpsychology, Volume 30, Number 2, November 1974

H. Orgler, «Alfred Adler», München 1974

W. L. Pew, «The Number one Priority», Copyright 1972, unveröffentlichtes Manuskript 1972

–, «Prioritäten», Vortrag ICASSI 1974, Holland

J. Rattner, «Individualpsychologie», München 1961

–, «Alfred Adler», Hamburg 1972

John B. Nield
Clarifying Concepts of The Number One Priority
in The Individual Psychologist, Sept. 1980, Nr. 3

Stephan Langenfeld / Frank Main
Personality Priorities: A Factor Analytic Study
aus J. P. Journal 39/1 March 83

Reinhold Ruthe
Die Priorität Nummer Eins in der Paar-Therapie
in Zeitschrift für Individualpsychologie, 6. Jahrgang, Heft 3/1981

Donald E. Ward
Implications of Personality Priority Assessment für the Counseling Process
in The Individual Psychologist, June 1979, Nr. 2

Nira Kefir
Impasse-Priority-Therapie
in Handbuch der Psychotherapie, R. J. Corsini, Band 1, Beltz-Verlag 1983

J. F. Brown, Practical applications of the personality priorities, 2nd ed. Clinton, Md.: B & F Associates, 1976

Th. Schoenaker, Wert-Skala zum Verständnis der Priorität und ihrer Probleme
in Sprache – Stimme – Gehör: Zeitschrift für Kommunikationsstörungen 1/84